PHILLIP KANSA • ELKE KIRCHNER

Finde dein Krafttier

und höre die Botschaft deiner Seele

Schirner Verlag

ISBN 978-3-8434-5168-0

Phillip Kansa & Elke Kirchner:
Finde dein Krafttier
und höre die Botschaft deiner Seele

Umschlag: Silja Bernspitz, Schirner,
unter Verwendung von
120562819 (© arturasker),
125234144 (© Production Perig),
131846594 (© Sealstep),
133853042 (© Mikadun),
283837010 (© nelik),
488063761 (© mariait),
539511592 (© aDam Wildlife) und
67201126 (© djgis),
www.shutterstock.com
Layout: Silja Bernspitz, Schirner
Lektorat: Elke Truckses, Schirner
Printed by: Ren Medien GmbH, Germany

www.schirner.com

6., überarbeitete und ergänzte Auflage Mai 2018

Inhalt

Danksagung

Ich danke meinen beiden Töchtern Brigitte und Charlotte für ihre Offenheit und dafür, dass ich meiner Berufung nachgehen durfte – auch wenn diese mich oft Tausende von Meilen von ihnen entfernt hat. Im Herzen ward und seid ihr mir immer ganz nah!
Phillip Kansa (Spirit Bear)

Auf meinem schamanischen Weg öffnete sich die Tür zu den Krafttieren. Dank der Liebe, Toleranz und Unterstützung meiner Familie kann ich diesen Weg gehen. Besonders danke ich meiner Mutter Ingeborg, meinen Schwestern Barbara und Heike und deren Kindern Anika, Anna und Simon. Ihr habt stets an mich geglaubt.
Ich danke auch meinem geliebten Wegbegleiter, besten Freund und Lebenspartner Spirit Bear: Danke für deine Größe, deine Liebe und für die Erkenntnis, dass die Liebe zu allen bewussten Wesen das Wichtigste ist.
Elke Kirchner

Gemeinsam danken wir den Teilnehmern unserer Seminare für ihre Einsichten – oft sind sie unsere Lehrer gewesen.
Dem Schirner Verlag gebührt Dank für das entgegengebrachte Vertrauen. Markus Schirner und Elke Truckses danken wir für die Unterstützung und die liebevolle Begleitung.

Einleitung

Von vielen Indianerstämmen wird das Wissen um Krafttiere bis heute gelebt, die Tradition mündlich überliefert. Insbesondere die Schamanen und Schamaninnen arbeiten mit Krafttieren, die sie auch Totemtiere nennen.
Krafttiere sind geistige Helfer aus der Tierwelt, die Heilung, Kraft, Schutz, Begleitung und Hilfe in dein tägliches Leben bringen. Sie verbinden dich mit deinen spirituellen Ebenen und schenken dir ihre Kräfte. So stärkt die heilende Kraft des Bären zum Beispiel deinen Körper und lässt dich die Ruhe bewahren. Der visionäre Blick des Habichts hilft dir dabei, in deinem Leben den Überblick zu behalten, und die Weisheit der Eule dabei, kluge Entscheidungen zu treffen. All diese Tiere sind verbunden mit der Göttlichen Quelle, mit deinem eigenen Höheren Selbst und mit deiner Seele, die alles Wissen in sich trägt. Sie verbinden dich auch mit Mutter Erde und all ihren Geschöpfen.
Wir laden dich hiermit ein, deine Welt zu bereichern und dir von den Tierenergien aus anderen Dimensionen helfen zu lassen.

Die Übungen in diesem Buch leiten dich an, Kontakt aufzunehmen, Kraft und Hilfe zu empfangen. Sie ermöglichen es dir, tiefe spirituelle Erfahrungen zu machen, die dich für dein tägliches Leben und auch für spezielle Situationen stärken.

Suche dir, um die Übungen durchzuführen, einen Platz aus, an dem du dich wohlfühlst. Du kannst auch eine Kerze anzünden und damit die Geistige Welt einladen. Leise Hintergrundmusik hilft dir dabei, leichter mit den lichten Ebenen in Verbindung zu treten.
Viel Freude bei deinen inneren und äußeren Reisen und Begegnungen!

Dieses Buch kannst du komplett lesen oder als Nachschlagewerk benutzen. Eine andere Möglichkeit ist es, das Buch an dein Herz zu halten und dann zu überlegen, für welche Situation du den Beistand eines Krafttieres gut gebrauchen könntest. Schlage das Buch intuitiv auf, um das Krafttier zu finden, das dich in diesem Moment unterstützen kann. Es ist möglich, mit derselben Vorgehensweise auch ein Krafttier für einen Tag, für eine Woche oder für einen Monat einzuladen. Du wirst bemerken, dass sich durch die Beschäftigung mit diesem Thema eine neue Welt für dich öffnet. Auch im Außen werden sich dir mehr und mehr Tiere zeigen. Krafttiere können auf allen Ebenen eine große Bereicherung und Hilfe für dein Leben sein.

In verschiedenen Traditionen werden die Menschen von klein auf von ihrem Krafttier begleitet. Es ist eng mit ihrer Seelenaufgabe verbunden. Um zu erfahren, welches dein Krafttier ist, kannst du mithilfe eines Schamanen, einer Schamanin oder eines anderen spirituellen Führers eine Krafttierreise machen (siehe S. 12).

Die Urvölker meißeln ihre Tiere oft in Stein. Für sie ist die Kraft des Tieres dann in dieser Skulptur (Fetisch). Du kannst dein Tier aber auch als Zeichen deiner Verbundenheit in Form eines Schmuckanhängers um den Hals tragen oder ein Bild von ihm an die Wand hängen.

Auch Tiere, die dir draußen in der Natur begegnen, können ein Hinweis darauf sein, dass du ihre Kraft zurzeit brauchst. Ein deutliches Signal ist es, wenn sich dir ein Tier mehrere Male zeigt. Schaue in diesem Buch nach seiner Botschaft. Falls das Tier hier nicht beschrieben ist, nimm dir Zeit, um in aller Stille Kontakt mit ihm aufzunehmen und es nach seiner Botschaft zu fragen. Vertraue deiner Intuition!

Erscheinen dir Tiere im Traum, hat das immer eine Bedeutung. Falls das Tier, von dem du geträumt hast, nicht in diesem Buch beschrieben ist, verbinde dich über einen kleinen bunten Regenbogen, der von deinem Herzen ausgeht, mit ihm. Stelle dir das Tier vor, und frage dann nach seiner Botschaft. Habe ein wenig Geduld, wenn nicht sofort eine Antwort kommt.

Die Antwort wird kommen ...

Krafttierreise

Nimm dir für diese Reise etwa 10 Minuten Zeit. Wenn du magst, zünde eine Kerze an und lege sanfte Hintergrundmusik auf. Schließe deine Augen, und atme bewusst viermal tief ein und aus.

Beim nächsten Ausatmen stehst du auf einer schönen, sonnendurchfluteten Wiese. Du spürst Mutter Erde unter deinen nackten Füßen, und in deinem Körper breitet sich eine warme und wohlige Energie aus: vollkommenes Vertrauen. Betrachte die Wiese mit ihren prächtigen Farben. Genieße die wundervollen Düfte. Diese Wiese ist deine Seelenlandschaft. Du siehst, wie dein Seelenführer eine sichtbare Form voller Licht und Güte annimmt. »Ich werde dich begleiten«, hörst du dieses Wesen sanft und vertrauenerweckend sagen. »Ich stehe dir zur Seite.« Es ist einer deiner inneren, himmlischen Führer. Er zeigt dir eine Brücke, die über einen breiten Fluss führt. Die andere Uferseite scheint heller und mit noch schöneren Bäumen und Pflanzen bewachsen zu sein. Gemeinsam geht ihr zur Brücke, und dein Seelenführer sagt: »Mit jedem Schritt, den du über diese Brücke gehst, erreichst du eine höhere Bewusstseinsebene, auf der du noch mehr sehen und fühlen kannst.« Gehe jetzt Schritt für Schritt langsam über die Brücke auf die andere Seite. Je näher das andere Ufer kommt, desto intensiver werden die Pflanzenfarben, die Gerüche und das Licht. Du bist nun in einer höheren Welt. Vor dir liegt ein Dschungel voller Tierstimmen. Dein Seelenführer geht mit dir in den Urwald hinein. Er führt dich zu einer Lichtung. In ihrer Mitte befindet sich ein großer, flacher Stein. Setze dich auf ihn, und bitte im Geiste dein Krafttier zu dir. Es hat schon lange auf dich gewartet. Locke es mit deinem Wunsch nach Verbindung an. Plötzlich wird es still an diesem Ort, und du bemerkst, dass etwas Lichtvolles und Kraftvolles aus dem Urwald auf die Lichtung kommt: Es ist dein Krafttier! Es bewegt sich sanft und voller Liebe auf dich zu. Begrüße es auf deine Weise, und sage ihm, wie sehr du dich freust. Es wird dich zurück in deinen Alltag begleiten. Gehe jetzt voll Freude aus dem Dschungel hinaus zurück zur Brücke. Komme Schritt für Schritt in dein Tagesbewusstsein. Auf der anderen Seite angekommen, danke deinem Seelenführer. Du kannst ihn zu jeder Zeit wieder hier treffen, um ein weiteres Krafttier zu rufen.

Atme viermal bewusst tief ein und aus. Willkommen zurück! Ab heute ist dein Krafttier stets an deiner Seite. Rufe es, und es wird kommen und dich unterstützen.

Die Krafttiere

Der Adler

Positive Schlagwörter

Verbindung zum spirituellen Bewusstsein
und zum Schöpfer

Wo hilft das Tier?

Der Adler bringt dir Botschaften von Gott und stärkt dein spirituelles Bewusstsein. Er verbindet dich mit deinem Höheren Selbst und somit mit dem Göttlichen Potenzial. Er gibt dir die Kraft, dein spirituelles Sein auch in dein tägliches Leben einzubeziehen.

Wie schützt mich der Adler?

Er schützt dich davor, deinen Glauben zu verlieren. Im täglichen Leben lehrt er dich, um die Hilfe des Himmels zu bitten. Der Adler fliegt hoch, um dir Botschaften von Gott zu holen. Er zeigt dir, dass du ein geistiges Wesen bist, und verbindet dich mit höheren Dimensionen. Rufe deinen Adler, und der Himmel wird sich für dich öffnen!

Verbindungsübung

Du schaust hoch in den Himmel und siehst dort oben etwas kreisen. Es ist kaum zu erkennen, was es ist. Bitte aus deinem Herzen darum, dass es näher kommt. Es nähert sich, und mehr und mehr erkennst du große Flügel. Es ist dein Adler, und er lädt dich ein, auf seinen Schwingen mitzufliegen. In seinem Schnabel trägt er ein goldenes Band: Es ist deine Verbindung zu Gott. Du berührst es sanft und spürst, wie goldenes Licht in deine Aura fließt, in dein Energiefeld und in jede Pore deines Körpers. Deine Verbindung zu deinem göttlichen Bewusstsein verstärkt sich – nun kannst du Botschaften empfangen. Immer wenn du deinen Adler rufst, wird er das goldene Band in seinem Schnabel für dich bereithalten.

Die Ameise

Positive Schlagwörter

Fleiß, Heilkraft und Verbindung mit der Energie von Mutter Erde

Wo hilft das Tier?

Die Ameise zeigt dir, was gerade zu tun ist. Sie hilft dir auch, zur richtigen Zeit am richtigen Ort zu sein. Sie lebt in Mutter Erde und verbindet dich so mit der Urweiblichkeit. Die Ameisen transportieren winzige Steine an die Oberfläche ihres Ameisenhügels. Diese sind für die Indianer heilig und werden für Ritualrasseln verwendet, da sie die Verbindung zu anderen Dimensionen unterstützen. So hilft dir dieses Totemtier mit seinem Geschenk, den Kontakt zur Schöpfer- und Heilkraft herzustellen.

Wie schützt mich die Ameise?

Die Ameise schützt dich vor Stagnation und gibt dir den Impuls für den nächsten Schritt. Sie zeigt dir, dass du nicht allein bist und dass Mutter Erde dich mit der Energie des Urweiblichen nicht nur physisch, sondern auch energetisch unterstützt. Wenn es im Leben so viel zu tun gibt, dass du das Gefühl hast, überfordert zu sein, macht dich die Ameise darauf aufmerksam, dass jeder Weg mit dem ersten Schritt beginnt. Sie zeigt dir, dass die Kraft mit dem Tun kommt. Mit der unerschöpflichen Kraft von Mutter Erde verbunden, bist du vor Überforderung und Burn-out geschützt.

Verbindungsübung

Stelle dir vor, du stehst an einem Ameisenhügel und siehst den Insekten zu. Plötzlich bist du im Hügel und genauso groß wie dessen Bewohner. Du kannst spüren und sehen, dass die Ameisen energetisch gut mit Mutter Erde verbunden sind und dass sie stets neue Energie tanken. Die Kraft fließt zu den kleinen fleißigen Geschöpfen, und diese setzen sie für ihr Tun ein. Jetzt weißt du, warum die Tierchen nie müde werden. Auch zu dir fließt dieser Energiestrom. Atme in dein Herz hinein. Jetzt stehst du wieder in normaler Größe außerhalb des Hügels. Atme abermals in dein Herz hinein, und komme zurück ins Hier und Jetzt. Spüre in deine Füße und in deinen ganzen Körper hinein, und nimm den Energiefluss wahr. Danke dem Ameisenvolk und Mutter Erde.

Der Bär

Positive Schlagwörter

Heilung, Kraft und Ruhe

Wo hilft das Tier?

Der Bär weiß, wo die Heilkräuter wachsen. Er bringt dir Heilung und heilerische Fähigkeiten. Seine Kraft und Größe sind eindrucksvoll, und er zeigt dir, wie du dieselben Eigenschaften in dir stärken kannst. Rufe die Bärenkraft, wenn du Unterstützung brauchst und deine heilerischen Fähigkeiten anwenden oder ausbauen möchtest. Der Bär hilft dir in Zeiten der Kraft- und Ruhelosigkeit dabei, wieder in deine Mitte zu kommen und neue Energie zu tanken.

Wie schützt mich der Bär?

Er bietet dir Schutz in für dich wichtigen Situationen, sodass du nicht aus deiner Kraft fällst. Der Bär schützt vor Krankheit und Ruhelosigkeit, und er hilft Heilern bei ihrer Arbeit.

Verbindungsübung

Es ist Winter und kalt. Du befindest dich vor einer Bärenhöhle und weißt, in der Höhle liegt ein Bär im Winterschlaf. Du kriechst zu ihm in die Höhle. Es ist dunkel, und du hörst ein tiefes Atmen. Du näherst dich dem Bären und kannst nun schon sein Fell fühlen. Du legst dich an den Rücken des Bären und spürst den Rhythmus seines Atems. Es ist, als ob du in seine Energie eintauchst, dein ganzer Körper wird von ihr erfasst. Bleibe so lange liegen, bis du das Gefühl hast, ganz aufgeladen zu sein. Falls du seine Heilkraft benötigst, bitte ihn um diese. Bedanke dich dann bei dem Bären, krieche aus der Höhle, und komme zurück ins Hier und Jetzt.

Der Biber

Positive Schlagwörter

Altes loslassen und der inneren Stimme folgen

Wo hilft das Tier?

Der Biber ist ein guter Bauherr und hilft dir dabei, dich zu Hause geborgen zu fühlen. Er verleiht dir Flexibilität, wenn dein Wohnort nicht mehr zu dir passt. Er hilft dir, den Schritt zu wagen, etwas Neues und Besseres zu suchen. Er unterstützt dich dabei, dort sesshaft zu werden, wo es gut für dich ist. Der Biber schenkt dir Leichtigkeit und Begeisterung für Neues.

Wie schützt mich der Biber?

Er schützt dich vor dem Verharren an Wohnorten, die dir nicht mehr guttun. Der Biber schenkt dir die Flexibilität und die Freude, Neues zu erschaffen und Altes loszulassen. Rufe ihn, wenn du ein Haus renovieren oder bauen möchtest. Der Biber hat ein Gespür dafür, wie ein Heim gut und stabil erbaut wird. Erbitte die Biberkraft, wenn du noch nicht weißt, wo dein neues Zuhause sein soll. Der Biber baut an fließenden Gewässern und errichtet seinen Bau dort, wo der Strom des Wassers es zulässt und es für den Nager gut ist. Wenn du wissen willst, wo im Strom des Lebens du dich jetzt niederlassen sollst, frage deinen Biber.

Verbindungsübung

Schließe deine Augen, und stelle dir vor, du stehst an einem Fluss. Die Sonne scheint, und du schaust auf das Wasser. Du kannst erkennen, dass sich vor dir am Ufer ein Biberbau befindet. Eins der Tiere kommt aus dem Wasser heraus und schaut dich an. Du fühlst die Kraft der Freiheit in ihm, dass er immer seiner inneren Stimme folgt. In diesem Moment erwächst in dir die Sicherheit und Gewissheit, dass auch du diesen Teil in dir hast, der weiß, was für dich gut und richtig ist. Nun bitte den Biber, dir eine Frage zu beantworten. Höre in dein Herz. Dorthin sendet der Biber seine Antwort. Danke dem Tier, und wisse: Dieser Platz und dein Biber sind immer für dich da!

Die Biene

Positive Schlagwörter

deine Berufung finden
fleißiges Erschaffen

Wo hilft das Tier?

Die Biene hilft dir, dein inneres Potenzial zu entdecken. Mit ihrer Kraft findest du deinen goldenen Nektar, deine Berufung. Sie unterstützt dich dabei, deine Schaffenskraft und deine Kreativität zu entdecken und für das große Ganze einzubringen. Sie schenkt dir Wärme und Beharrlichkeit, damit du mit Leichtigkeit deine Projekte und Ziele verwirklichen kannst.

Wie schützt mich die Biene?

Die Biene schützt dich davor, deine Projekte frühzeitig abzubrechen oder zu schnell die Geduld zu verlieren. Sie zeigt dir, dass du einen ganz besonderen Platz in dieser Welt einnimmst und dass du mit deinen Eigenschaften und

Begabungen gebraucht wirst. Sie verhindert, dass du in die falsche Richtung fliegst. Die Biene fliegt von einer bezaubernden Blüte zur nächsten. Sie offenbart uns die Sicht auf das Schöne und erinnert uns daran, dass Arbeit ein beflügelnder Prozess im Fluss des Lebens sein kann.

Verbindungsübung

Stelle dir eine wundervolle und bunte Blumenwiese vor. Beobachte das Treiben an diesem schönen Ort. Nimm die Geräusche und den Duft wahr. Du siehst, wie eine Biene auf einer Blüte beharrlich ihren Nektar sammelt. Sie ist ruhig und gelassen und arbeitet ganz in ihrem Rhythmus. Die Biene fliegt von der Blume auf dich zu und setzt sich liebevoll auf deine Hand. Du spürst ihre zarten Beine auf deiner Haut. Ein warmes goldenes Licht strömt von ihrem kleinen Körper über deine Hand in dich herein. Es wird still in dir, und das goldene Licht erfüllt nach und nach deinen ganzen Körper. Konzentriere dich auf dein Herz, das jetzt auch in goldenem Licht erstrahlt. Lasse dich von der Kraft beflügeln, die du momentan in deinem Leben benötigst: der goldenen Bienenkraft.

Der Büffel

Positive Schlagwörter

Fülle und Kraft • Widerstandsfähigkeit entdecken

Wo hilft das Tier?

Dieses große und starke Tier hilft dir dabei, in der Fülle des Lebens zu bleiben. Büffel haben ganze Generationen nordamerikanischer Indianer mit all dem versorgt, was diese zum Leben brauchten. Die geistige Nahrung, die dir der Büffel bringt, ist das Wissen, dass wir alle eins sind und dass wir dem Großen Geist vertrauen können. Er wird für dich sorgen. Der Büffel ist das einzige Tier, das die Widerstandskraft besitzt, sich in der Prärie in den Sturm und gegen den Wind zu stellen. Diese Stärke hilft dir dabei, deinen Weg zu gehen, wie stark der Gegenwind auch sein mag.

Wie schützt mich der Büffel?

Der Büffel schützt dich vor Mangel. Er gibt dir die Kraft, auch in stürmischen Zeiten durchzuhalten. Sein Vertrauen und seine Verbundenheit mit den Elementen helfen auch dir dabei, an das Gute zu glauben. Er schützt dich vor Angst. Der Büffel gibt dir den Mut, auch in bewegten Zeiten nicht aufzugeben.

Verbindungsübung

Schließe deine Augen, und sieh vor deinem geistigen Auge, wie du in der Prärie stehst. Vor dir entdeckst du eine Herde von großen, braunen Büffeln. Sie grasen und lassen sich nicht von dir stören. Bitte sie um die Büffelkraft. Plötzlich sitzt du auf dem Rücken eines kräftigen Büffels, und er sagt im Geiste zu dir: »Halt dich fest, und spüre, welche Kraft, welches Vertrauen und welches Durchhaltevermögen von mir zu dir fließen.« Der Büffel setzt sich in Bewegung. Denke nun an eine Situation in deinem Leben, in der du diese Kräfte brauchst, und lasse sie dort hineinfließen. Erkenne, wie die Situation sich für dich verändert. Wichtig ist, dass die Änderung zum Wohle aller Beteiligten geschieht. Schon die Vorstellung bewirkt eine Veränderung. Bitte den Büffel, stehen zu bleiben, wenn es Zeit für dich ist, ins Hier und Jetzt zurückzukommen. Rufe immer dann deinen Büffel, wenn du seine Unterstützung brauchst.

Der Bussard

Positive Schlagwörter

den großen Überblick gewinnen
die Vergangenheit verstehen
Gegenwart und Zukunft klar sehen und deuten

Wo hilft das Tier?

Der Bussard schwebt in dein Leben, um dich dabei zu unterstützen, einen neuen Überblick zu bekommen. Wo stehst du gerade? Wo steckst du fest? Er kann dir helfen, indem er mit dir hoch in die Lüfte fliegt und dich deinen Lebenspfad erkennen lässt. So kannst du aus seiner Perspektive Zusammenhänge zwischen Vergangenheit und Gegenwart wahrnehmen und klar erkennen, wie du deine Zukunft am besten gestaltest.

Wie schützt mich der Bussard?

Der Bussard lädt dich dazu ein, wertfrei in die Vergangenheit zu schauen und Zusammenhänge zu erkennen, sodass du leichter vorankommen kannst. Er schützt dich vor Pannen und Misserfolg. Rufe ihn, wenn du das Gefühl hast, es geht nicht voran mit Projekten, die dir am Herzen liegen, oder wenn immer wieder Hürden in deinem Leben auftauchen. Vielleicht ist es auch einfach an der Zeit, dein Leben aus einer umfassenderen Perspektive zu betrachten.

Verbindungsübung

Suche dir einen Ort, an dem du ungestört bist. Bitte dein Höheres Selbst nun um Führung. Denke an einen Bussard, der hoch in der Luft schwebt. Du betrachtest seine Leichtigkeit und Grazie. In deinem Herzen entsteht der tiefe Wunsch, mit ihm dort oben zu schweben. Du blickst auf eine grüne Landschaft hinab und kannst alles glasklar erkennen. Du siehst viel besser als jemals zuvor. Der Bussard hat dir seinen Körper für eine Reflexionsreise überlassen. Bitte den Geist des Bussards, über deinen Lebensweg zu fliegen. Du erkennst so mit Leichtigkeit die wichtigen Punkte und kannst dir überlegen, wie du am elegantesten weitergehst. Nimm dir die Zeit, die du brauchst. Atme tief ein, und komme zurück in deinen Körper. Bedanke dich bei deinem Bussard.

Der Delfin

Positive Schlagwörter

Heilung durch Spiel und Lebensfreude

Wo hilft das Tier?

Der Delfin schwimmt in dein Leben und unterstützt dich dabei, Freiheit, Verspieltheit und Mitgefühl zu leben. Er hat eine starke Verbindung zu deinem Inneren Kind und hilft dir dabei, emotionale Blockaden zu lösen und das Leben wieder in seiner ganzen schönen Vielfalt zu genießen. Weil er mit der Liebe und dem Mitgefühl fest verbunden ist, heilt er gebrochene Herzen und lässt das fröhliche Kind in dir wieder zum Vorschein kommen, das die Welt als Glück bringendes Spiel erleben darf.

Wie schützt mich der Delfin?

Der Delfin schützt dich davor, das Leben als etwas allzu Schweres zu betrachten. Er lässt dich erkennen, dass mit Freude und Spiel vieles leichter und besser gelingt. Seine

Präsenz und sein authentisches, freundliches Wesen bringen Heilung in Bereiche, in denen du es nicht erwartet hättest. Dieses Totemtier schützt dich davor, in traumatischen Kindheitserlebnissen stecken zu bleiben. Es heilt alte Verletzungen, sodass die Freude des Lebens für dich wieder spürbar ist.

Verbindungsübung

Stelle dir vor, du befindest dich auf einem Boot auf dem Meer. Die Sonne scheint, und eine Delfinfamilie schwimmt neben dem Boot. Voller Freude springen die eleganten Meeresbewohner aus dem Wasser und tauchen wieder hinein. Dein Boot gleitet ruhig durch die Wellen, und die Delfine werden langsamer. Du springst ins Wasser. Ein Delfin nähert sich dir. Behutsam und liebevoll berührt er dich und lädt dich ein, mit ihm zu schwimmen. Du hältst dich an seiner Rückenflosse fest. Langsam gleitet ihr zusammen durch das Wasser. Seine behutsame und freudige Art berührt dich in deinem Herzen, und du fühlst dich unendlich geliebt und getragen. Ein Schauer göttlicher Zuneigung durchflutet dich, und dein Herz erfährt Freude und Heilung. Danke deinem Delfin, und komme zurück in das Hier und Jetzt, indem du tief ein- und ausatmest. Nimm dir die Zeit, die du brauchst.

Das Eichhörnchen

Positive Schlagwörter

Freude bei der Arbeit
Effektivität spielerisch erreichen

Wo hilft das Tier?

Das Eichhörnchen bringt die Erkenntnis, dass Arbeit Freude bereiten kann, und es leitet dich an, effektiver zu sein. Es sammelt die Nüsse für den Winter spielerisch und voller Leichtigkeit. Durch sein bezauberndes Erscheinungsbild bewegt es uns Menschen im Herzen und bringt uns Freude. Das Eichhörnchen hilft dir, zu erkennen, wie du in Zeiten der Fülle mit Fleiß und Vergnügen erntest. Dann kannst du dich im Rhythmus der Natur und deiner Seele an einen geschützten Ort zurückziehen. Dort hast du nun Zeit für Entspannung und Träume – und zum Schmieden von Zukunftsplänen.

Wie schützt mich das Eichhörnchen?

Das Eichhörnchen schützt dich vor Trübsal und hält dich an, das Richtige zum richtigen Zeitpunkt zu erledigen. Es holt dich aus dem Alltagstrott in die Freude und Leichtigkeit zurück und erinnert dich immer wieder daran, dass die Kraft des Spiels dich vor Härte und Routine schützt. Das Eichhörnchen lehrt dich, mit dem Herzen zu sehen.

Verbindungsübung

Stelle dir vor, du sitzt in einem schönen Garten. Vor dir springt ein Eichhörnchen auf einem Baum voller Freude hin und her. Rufe es im Stillen zu dir. Wie von Geisterhand geführt, kommt es und setzt sich eine Armlänge von dir entfernt hin. Bitte es um seine Kraft, um Freude, Verspieltsein und Fülle. Du spürst Wärme in deinem Herzen, und ein inneres Lächeln erfüllt dich: Du hast seine Gaben empfangen. Wann auch immer du nun an diese Herzenswärme denkst, entsteht sie in dir, und die Kraft des Eichhörnchens ist bei dir.

Die Eidechse

Positive Schlagwörter

Grenzen bewahren oder auflösen
Verbindung schaffen
Energie auftanken

Wo hilft das Tier?

Die Eidechse zeigt dir, dass Zeiten der Ruhe und des Auftankens wichtig sind. Sie hilft dir dabei, im Sturm des Lebens einen sonnigen Platz zu finden, um in deine Mitte zurückzukehren. Auch hält sie dich davon ab, dich in den Strudel deines Umfelds hineinziehen zu lassen, und leitet dich an, deine Grenzen zu bewahren, um dich aus deiner Mitte heraus beobachten und dir selbst helfen zu können. Die Eidechse unterstützt dich dabei, alle Ebenen deines Seins wahrzunehmen.

Wie schützt mich die Eidechse?

Die Eidechse schützt dich davor, dich im Alltag zu verlieren. Sie bewahrt dir Zeiten des Ausruhens und der Zentrierung. Sie möchte verhindern, dass du Gefühle übernimmst, die nicht deine sind! Möchtest du dich als spirituelles Wesen auf allen Ebenen erfahren, unterstützt dich die Eidechse dabei und behütet dich.

Verbindungsübung

Stelle dir vor, du stehst auf einem warmen und trockenen Platz, der etwas sandig und steinig ist. Du setzt dich in die Sonne und entdeckst auf einem Stein eine Eidechse. Du kannst spüren, dass sie mit Mutter Erde ebenso verbunden ist wie mit der Sonne, die sie wärmt. Sie lädt dich ein, das Gleiche zu tun. Du kommst immer mehr in deine Mitte, und die Sonne tankt dich mit Kraft und Wärme auf. Der Boden, auf dem du sitzt, erdet dich und gibt dir Sicherheit und Energie. Bitte nun das Tier, dir dabei zu helfen, deine Grenzen im täglichen Leben besser zu bewahren und deine inneren Grenzen aufzulösen, um dich als vollkommenes, göttliches Wesen wahrzunehmen. Nimm dir Zeit, und komme dann zurück ins Hier und Jetzt.

Die Ente

Positive Schlagwörter

Hilfe bei einem Neubeginn
Balance, Hoffnung und Ausgeglichenheit

Wo hilft das Tier?

Die Ente taucht meist im Frühling auf und kündigt einen Neubeginn an. Sie hilft dir dabei, einen Neustart zu wagen. Deine Aufgabe ist es nun, eine Balance zu schaffen zwischen Tätigkeit und Bewegung sowie Entspannung und Ausruhen. Dieses Krafttier bewegt sich in der Luft, zu Wasser und auf dem Land. So zeigt dir die Ente, wie du im Leben vorankommen kannst. Sie bringt immer Hoffnung mit sich.

Wie schützt mich die Ente?

Indem sie dir ihre Vielfalt schenkt, schützt die Ente dich vor Einseitigkeit. Sie bewahrt dich vor Stagnation und gibt dir Hoffnung. Immer bringt sie verschiedene Möglichkeiten des Vorankommens mit sich. Sie leitet dich an, deinen eigenen Lebensrhythmus zu finden, und weckt dich, wenn der Neubeginn vor der Tür steht, damit du ihn nicht übersiehst oder gar verschläfst.

Verbindungsübung

Schließe deine Augen, und stelle dir vor, wie du am Ufer eines ruhig dahingleitenden Gewässers sitzt. Deine Füße lässt du im warmen Wasser baumeln. Es geht dir gut. Da siehst du eine Entenfamilie. Die Enten haben sich am Ufer des Flusses versammelt und schauen dich mit neugierigen, offenen Blicken an. Schaue zurück, und bitte sie um ihre Kraft. Freude erfüllt dein Herz. Wenn du möchtest, bitte um Bilder oder innere Worte, die dir die nächsten Schritte in deinem Leben zeigen. Bitte dein Höheres Selbst um Führung. Schreibe all deine Erkenntnisse auf. Danke den Tieren. Atme tief in dein Herz hinein, und fühle deinen Körper wieder. Willkommen zurück im Hier und Jetzt!

Die Eule

Positive Schlagwörter

ewige Weisheiten erkennen • hellsichtige Antworten bekommen
das Dritte Auge aktivieren

Wo hilft das Tier?

Die Eule hilft dir dabei, dich mit deiner inneren Weisheit zu verbinden und das Dritte Auge zu öffnen. Sie aktiviert deine Hellsichtigkeit und unterstützt dich dabei, an die Weisheit der alten Seher zu gelangen.

Wie schützt mich die Eule?

Die Eule schützt dich vor Fehlentscheidungen, weil sie dich mit deiner inneren Weisheit verbindet. Sie aktiviert dein Drittes Auge, wenn du in andere Dimensionen reisen willst, und sie kann deine Hellsichtigkeit stärken. In tiefen Meditationen oder wenn du nach Visionen suchst, verbindet sie dich mit den weisen Sehern und behütet eure Verbindung, sodass ein ungestörter Kontakt stattfinden kann.

Verbindungsübung

Lehne dich an einen Baum, entweder im Geist oder in der freien Natur. Suche dir einen großen Baum, der fest verwurzelt ist. Hier fühlst du dich sicher und geborgen. Du siehst die Sonne untergehen, und langsam wird es dunkel. Du schaust nach oben und blickst in die großen Augen einer Eule. Bitte sie um ihre Kraft, und du spürst, wie sie sich mit dir verbindet. Dann gib dir selbst ein bisschen Zeit, bis du eine Weisheit oder Vision erfährst. Wenn du deine Übung beendet hast, danke der Eule, und wisse: Sie ist immer für dich da. Du brauchst nur an sie zu denken.

Der Falke

Positive Schlagwörter

Überblick über schwierige Situationen
innere göttliche Fähigkeiten und Stärken erkennen
Gelegenheiten ergreifen

Wo hilft das Tier?

Der Falke erinnert dich an deine innere Stärke und deine göttlichen Gaben. Rufe ihn um Hilfe, wenn du Neues beginnen willst und dir nicht sicher bist, ob jetzt ein guter Zeitpunkt dafür ist. Der Falke weiß, wann sich gute Gelegenheiten für dich auftun werden.

Wie schützt mich der Falke?

Der Falke schützt dich davor, falsche Entscheidungen zu treffen. Wenn du deinen Falken rufst, kannst du Situationen von oben betrachten und sie so besser einschätzen. Der Falke erinnert dich auf deinem spirituellen Weg an deine Fähigkeiten und schützt dich davor, eine falsche Richtung einzuschlagen.

Verbindungsübung

Suche dir einen ruhigen Platz, und setze dich hin. Atme in dein Herz hinein, und bitte dein Höheres Selbst, dich zu führen. Stelle dir nun vor, du stehst an einer alten Kirche mit einem schönen Garten. Du setzt dich auf eine Bank. Es ist ein stiller und heiliger Ort. Nun siehst du im Kirchturm einen wunderschönen Falken sitzen. Er sieht dich an, und du schaust zurück. Bitte diesen Falken um seine Kraft, und du wirst spüren, wie er sich mit dir verbindet. Vor deinem geistigen Auge erscheint jetzt ein Symbol oder ein Bild, und du erkennst darin die Antwort des Falken auf deine Fragen. Bedanke dich bei diesem Ort und bei deinem Falken. Atme tief durch, fühle wieder die Unterlage, auf der du sitzt. Willkommen im nächsten Moment des Hier und Jetzt.

Der Feuersalamander

Positive Schlagwörter

durch Transformation neue Daseinsebenen erreichen
der Hüter von heiligen Plätzen

Wo hilft das Tier?

Der Feuersalamander erscheint oft fast unbemerkt und ganz plötzlich in deinem Leben. Er will dir helfen, all das zu transformieren, was dir im Wege steht, um im Hier und Jetzt eine höhere und glücklichere Ebene deiner Spiritualität zu erreichen. Er unterstützt dich dabei, die herkömmliche Denkweise loszulassen, damit du Erfahrungen mit der feinstofflichen Welt machen kannst. Dieses geheimnisvolle Wesen hütet auch heilige Orte. Er sensibilisiert dich, damit du diese erkennen und ihre Energien für dich einsetzen kannst.

Wie schützt mich der Feuersalamander?

Der Salamander schützt dich davor, wichtige Erlebnisse deines Lebens nicht gebührend zu würdigen und an ihnen ahnungslos vorbeizugehen. Er hilft dir, deine Aufmerksamkeit auf die Bereiche deines Lebens zu lenken, in denen jetzt Transformation geschehen kann. Er unterstützt dich dabei, heilige Orte als solche zu erkennen, zu ehren und zu nutzen. Der Feuersalamander begleitet dich durch Krisen und schützt dich davor, in Leid und Schmerz stecken zu bleiben.

Verbindungsübung

Stelle dir vor, du sitzt auf einem Baumstamm in einem verzauberten Wald. Vor dir raschelt es unter den Blättern am Waldboden. Du siehst erst gelbe Punkte, bevor du den Salamander mit seinem schwarz glänzenden Körper ganz entdeckst. Konzentriere dich auf ihn, und zugleich merkst du, wie eine intensive Verbindung mit seiner Kraft in dir entsteht. Denke an die Bereiche deines Lebens, in denen du mehr Klarheit haben möchtest. Lasse die Kraft des Salamanders dort hinfließen, und sieh, was sich alles positiv verändert. Nimm wahr, ob du eine alte, ausgediente Sichtweise loslassen musst. Schaue zu, wie die Energie des Salamanders die alte, fehlerhafte Betrachtungsweise in eine neue transformiert. Lasse dir die Zeit, die du brauchst, und komme zurück in eine neue Welt.

Der Frosch

Positive Schlagwörter

neue Lebensperspektiven gewinnen
Lösungsmöglichkeiten entdecken
Reinigung und Klärung

Wo hilft das Tier?

Von Druiden wurde der Frosch wegen seiner heilenden und erneuernden Kraft oft als Seher und Heiler verehrt. Brauchst du Heilung und Erneuerung, so rufe die Kraft des Frosches. Hast du das Gefühl, eine neue spirituelle Ebene erreichen zu wollen, so hilft dir der Frosch dabei, dass das sehr leicht und tief greifend geschieht.

Wie schützt mich der Frosch?

Rufst du die Froschkraft, schützt sie dich vor körperlichen und spirituellen Blockaden und löst sie auf. Der Frosch bewahrt dich davor, in Altem steckenzubleiben und Überholtes festzuhalten. Seine Kraft bewirkt eine Neugeburt.

Verbindungsübung

Stelle dir vor, du stehst in einer Sommerlandschaft an einem Teich. Du bist ganz allein an diesem schönen Ort. Verbinde dich mit deinem Herzen, und rufe die Froschkraft. Mit deinem geistigen Auge siehst du nun einen Frosch vor dir. Er ist kraftvoll und vital. Bitte ihn, dich in deinem Leben zu unterstützen. Tritt in einen inneren Dialog mit ihm, und sage ihm, wo du seine Kraft benötigst. Spüre, wie seine heilende, erneuernde Kraft in dich und in dein Leben fließt. Verweile einige Minuten in diesem Fluss der lebensspendenden Kraft. Danke dem Frosch und dem Ort, und komme zurück ins Hier und Jetzt. Suche dir einen Stein an einem Gewässer als Symbol für den Frosch, und bewahre ihn auf. Trage den Stein bei dir, wann immer du die Kraft des Frosches benötigst.

Der Fuchs

Positive Schlagwörter

schlaues Herangehen an Aufgaben
diplomatisch sein
persönliche Ziele elegant erreichen

Wo hilft das Tier?

Der Fuchs hilft dir dabei, bei Gesprächen und in allen zwischenmenschlichen Beziehungen wachsam zu sein. Rufe ihn, wenn du bei Verhandlungen Hilfe brauchst. Der Fuchs ist schlau und weiß, was man sagen und was man besser verschweigen sollte. Das bedeutet nicht, dass du hinterlistig sein sollst. Vielmehr zeigt der Fuchs dir klar, wann es wirklich schlau ist, etwas zu sagen, und wann es klug ist, zu schweigen. Der Fuchs ist ein Meister der Diplomatie und führt dir vor, wie du elegant und leicht Ziele erreichen kannst.

Wie schützt mich der Fuchs?

Der Fuchs schützt dich davor, vorschnell etwas preiszugeben, was dir schaden könnte. Seine Kraft hilft dir dabei, das Richtige im richtigen Moment zu sagen und nicht durch impulsives Verhalten große Fehler zu begehen. Die Eleganz des Fuchses belebt dein Vorwärtsgehen und bringt dir Lebensfreude bei allem, was du anstrebst.

Verbindungsübung

Suche dir einen ungestörten Platz. Stelle dir vor, du sitzt neben einem Fuchsbau. Nun rufe das Tier, und bitte es um Hilfe. Nach einer kurzen Weile schaut dich ein rotbrauner Fuchs mit seinen schlauen Augen an. Du kannst seine Kraft und seinen wachen Verstand spüren. Nun lade ihn in dein Leben ein, und wann immer du an diese Augen denkst, wird dir seine Kraft zur Verfügung stehen.

Der Gabelbock

Positive Schlagwörter

Schnelligkeit, Reinheit und Erneuerung

Wo hilft das Tier?

Unter der Führung von und im Einklang mit unserem Höheren Selbst hilft dir der Gabelbock dabei, schnell und elegant zu reagieren. Er erinnert dich daran, all deine Ebenen rein zu halten – auch deine Gedanken. Die Tiere fressen Salbeipflanzen, die alle Indianer Nordamerikas zur Reinigung der Aura benutzen und als Tee für die innere physische Reinigung trinken. Diese Erneuerungskraft schenkt dir dieses Krafttier für alle Bereiche deines Lebens, in denen du sie benötigst.

Wie schützt mich der Gabelbock?

Durch die Kraft der Erneuerung schützt er dich davor, in Altem steckenzubleiben. Seine Schnelligkeit bewahrt dich vor phlegmatischen Reaktionen. Allein seine Gestalt löst in uns Menschen ein Gefühl der Leichtigkeit und Reinheit aus. So öffnet er dich für seine reinigende und erneuernde Kraft.

Verbindungsübung

Schließe deine Augen, und atme in dein Herz hinein. Du befindest dich in der Prärie Nordamerikas. Eine wunderschönes Tier löst sich aus einer Herde und kommt auf dich zu. Dein Herz ist verzaubert von seiner Schönheit. Bitte es nun um die Kraft, die du brauchst. Es hält dir seinen Kopf hin, und du berührst seine Stirn. Du bist tief bewegt. Der Gabelbock sagt zu dir: »Ruf mich, wenn du Reinigung und Erneuerung brauchst! Ruf mich in der Nacht, wenn der Mond scheint! Ruf mich vor dem Schlafengehen!« Danke dem Tier, und komme zurück ins Hier und Jetzt.

Die Graugans

Positive Schlagwörter

Treue in der Partnerschaft und in der Gemeinschaft
dem Besten in dir treu bleiben

Wo hilft das Tier?

Heute landet die Graugans in deinem Leben, um dich in puncto Treue zu unterstützen. Wünschst du dir mehr Nähe und Verbundenheit zu deinem Partner oder zu anderen Menschen in deinem Umfeld, so bitte die Graugans um Hilfe. Sie gibt dir die Kraft und Zufriedenheit, zu erkennen, wohin und zu wem du gehörst. Sie kann dich dabei unterstützen, deinen Platz im Leben zu finden und deine Aufgabe für das große Ganze wahrzunehmen.

Wie schützt mich die Graugans?

Die Graugans schützt dich vor Untreue in all ihren Ausprägungen. Das Tier ist ein Leben lang mit einem Partner zusammen. Die Graugans sorgt dafür, dass sich Gemeinschaften oder Familien auch in Krisenzeiten nicht entzweien. Sie gibt dir Kraft, damit du von deinem inneren Weg nicht abkommst und deinen Idealen treu bleibst.

Verbindungsübung

Atme in dein Herz, und stelle dir am Himmel einen Schwarm Gänse vor. Beim Ausatmen steigst du hoch und fliegst beschwingt mit ihnen mit. Du reihst dich in ihrer Mitte ein und spürst den Windschatten der anderen. Geborgenheit kommt in dir auf. Du fliegst mühelos mit, und dich erfüllen eine angenehme Zugehörigkeit und eine tiefe Zufriedenheit. Jetzt fliegt ihr alle gemeinsam tiefer, sodass ihr die Menschen unten auf der Erde sehen könnt. Du siehst dich selbst unter dir stehen und erkennst aus dieser Perspektive, wo du die Kraft der Gans benötigst. Euer Schwarm landet auf der Erde, und die Gänse bilden einen Kreis um dich. Sie laden dich mit beflügelnden Energien auf. Treue, Geborgenheit und Selbstliebe fließen in dich und in dein Leben herein. Wenn du das Gefühl hast, es ist genug für diesmal, danke den Tieren, und sie werden abheben und davonfliegen.

Der Habicht

Positive Schlagwörter

schenkt innere Freiheit • Schutz und Behütung

Wo hilft das Tier?

Wenn sich der Habicht in deinem Leben zeigt, sagt er dir: »Du bist behütet und beschützt.« Er kommt als Zeichen des himmlischen Schutzes zu dir. Mit seiner Kraft hilft dir dieses Tier dabei, zu erkennen, dass du frei bist, dein individuelles Leben zu führen. Er sagt: »Pass dich nicht so sehr an Regeln an, dass du deine freie Persönlichkeit und deine eigenen Wünsche vergisst!« Der Habicht begleitet dich auch gern als Hüter deiner spirituellen Vorhaben.

Wie schützt mich der Habicht?

Dieses Krafttier bietet dir in deinem Leben einen großen allgemeinen Schutz. Siehst du den Habicht an aufgabenreichen Tagen in deinem Leben, will er dir sagen: »Die geistige Welt wacht über dich.« Er bewahrt dich davor, dich im Leben verloren zu fühlen. Er gibt dir die Kraft, im Fluss des Lebens nicht unterzugehen, sondern deine ureigenen Kräfte zu erkennen und zu leben.

Verbindungsübung

Stelle dir vor, du sitzt auf einer Holzbank an einer Waldlichtung. Atme in dein Herz hinein, und komme in deinem Herzen an. Nun rufe im Geist den Habicht. Kurz darauf siehst du weit oben am Himmel einen Greifvogel kreisen. Er bewegt sich abwärts und kommt immer näher. Vielleicht hörst du seine Rufe. Jetzt zieht er seine Kreise so dicht über dir, dass du seine gestreiften Flügelfedern erkennen kannst. Du spürst, wie eine liebende, kraftvolle Energie von ihm zu dir fließt. Lasse jede Zelle deines Seins von diesem Energiestrom aufladen. Du bist geschützt. Diese Energie gibt dir die Freiheit, dich zu lieben, und der Himmel unterstützt dich dabei. Nimm dir Zeit, all diese Geschenke in dein Herz aufzunehmen, und danke dem Tier. Du siehst, wie der Habicht wieder höher steigt und sich von dir verabschiedet. Du kannst dir sicher sein: Er ist immer da, wenn du ihn brauchst. Atme ein paar Mal tief ein und aus. Spüre die Unterlage, auf der du sitzt oder liegst, und komme zurück ins Hier und Jetzt.

Das Hermelin

Positive Schlagwörter

Reinheit und Ehrlichkeit deiner Absichten
sich leicht an veränderte Lebensumstände anpassen

Wo hilft das Tier?

Das Hermelin hilft dir dabei, aufrichtig und mit guten Absichten auf deine Umwelt zuzugehen. Die Prärieindianer zeigen die Ehrlichkeit ihrer Anliegen durch Hermelinfell in ihrem Kopfschmuck an. Das Hermelin bekommt im Winter ein weißes und im Sommer ein braunes Fell, und somit unterstützt es dich dabei, dich den Gegebenheiten des Lebens leicht anzupassen. »Bleib nicht in Altem stecken!«, ist die Botschaft des Hermelins. »Geh mit dem Rhythmus deines Lebens.«

Wie schützt mich das Hermelin?

Wenn deine Lebensumstände wie die Jahreszeiten wechseln, so hilft dir das Hermelin als Krafttier dabei, dich nicht ungeschützt und ausgeliefert zu fühlen. Wie sein Fell die Farbe wechselt, so passt auch du dich nun neuen Begebenheiten an. Das Hermelin leitet dich an, ehrliche Absichten zu verfolgen und nicht eigensinnig zu handeln. Seine Reinheit erinnert dich an die Reinheit deines Herzens.

Verbindungsübung

Stelle dir vor, es ist dunkel, und du sitzt an einer Waldlichtung. Du rufst dein Hermelin, und schon schnuppert es an deiner Hand. Du schaust es an und spürst einen Energiestrom zu dir fließen. Spüre diese Kraft in jeder Zelle deines Seins. Sie durchflutet all deine Gedanken, all deine Handlungen und macht dich flexibel. Stelle dir vor, dass du ein Stück Hermelinfell an deinem Kopfschmuck trägst, das dich immer an deine ehrlichen und reinen Absichten erinnert. Danke dem Tier, und komme zurück ins Hier und Jetzt.

Der Hirsch

Positive Schlagwörter

Stärke und Selbstachtung • den richtigen Weg finden

Wo hilft das Tier?

Der Hirsch hilft dir dabei, deine Selbstachtung zu stärken. Er zeigt dir: »In der Ruhe liegt die Kraft.« Er verbindet dich mit deiner spirituellen Führung und unterstützt dich dabei, auf dem richtigen Weg zu bleiben. Der Hirsch zeigt dir, dass du die Verantwortung für dein Leben selbst übernehmen kannst und dass du nicht der Meinung anderer folgen musst.

Wie schützt mich der Hirsch?

Der Hirsch bewahrt dich davor, die Meinungen anderer wichtiger zu nehmen als dich selbst. Er unterstützt dich dabei, auf deinem Weg zu bleiben und der höheren Führung in dir zu vertrauen. Mit seinem Schutz kannst du in deine Ruhe und Kraft kommen, dort bleiben und deiner inneren Führung folgen.

Verbindungsübung

Stelle dir vor, du stehst auf einer Waldlichtung, umrahmt von wunderschönen Bäumen. Du genießt diesen Anblick. Nun bitte darum, dass dein Hirsch sich dir zeigt. Nach einer Weile hörst du Geräusche, und du weißt, dein Hirsch kommt näher. Dann steht er auch schon auf der Lichtung. Er ist groß, stark und majestätisch. In dir hörst du eine Stimme, die sagt: »Hab keine Angst! Meine Kraft und meine Stärke gehören dir. Verbinde dich mit mir, und du wirst es spüren.« Bitte nun um die Verbindung, und du merkst, wie du ruhiger wirst. Es ist, als wenn du wachsen würdest. Dein Rücken wird gerade, und du stärkst deine innere Haltung. Du bist ganz bei dir und sehr selbstbewusst, ruhig und stark. Wenn du magst, frage nun deine innere Führung nach dem nächsten Schritt auf deinem Weg. Der Hirsch schaut dich an und verlässt langsam die Lichtung. Du weißt, immer wenn du seine Kraft brauchst, kannst du an diesen Ort zurückkommen, und dein Hirsch wird da sein.

Das Kaninchen

Positive Schlagwörter

Fruchtbarkeit und Kreativität bei allen Vorhaben
Ziele spielerisch erreichen

Wo hilft das Tier?

Das Kaninchen hilft dir dabei, deine Kreativität zum Ausdruck zu bringen und deine Arbeit spielerisch anzugehen. Dieses Totemtier unterstützt dich bei Projekten, die Begeisterung und Kreativität erfordern. Es hilft dir dabei, Visionen und Ideen zu realisieren und diese für dein Leben fruchtbar werden zu lassen.

Wie schützt mich das Kaninchen?

Das Kaninchen schützt dich davor, das Leben als Arbeit zu sehen, und lädt dich ein, das Leben mit Leichtigkeit und Kreativität anzugehen. Es bringt das Spielerische in deine Aktivitäten zurück und hält dich davon ab, aufzugeben, wenn du bei deinen Projekten und Vorhaben Zeiten der Stagnation erfährst. Die Kaninchenkraft leitet dich an, fruchtbare Ideen zu realisieren.

Verbindungsübung

Stelle dir vor, dass du eine Gruppe Kaninchen auf einer Wiese siehst. Beobachte sie eine Weile. Du kannst ihre Vitalität spüren, auch wenn sie alle ganz versunken vor sich hin mümmeln. Trotzdem sind sie wachsam und merken alles, was um sie herum passiert. Öffne dein Herz, und bitte das Kaninchen um seine Kraft. Du merkst, wie du belebt wirst. Lasse seine Fruchtbarkeit in den Bereich deines Lebens fließen, in dem du sie jetzt brauchst. Stelle dir vor, wie dir alles spielerisch und mit Freude gelingt. Dann komme zurück ins Hier und Jetzt, und danke dem Tier.

Der Kojote

Positive Schlagwörter

schenkt freudige Lebensmuster
der weise Trickster

Wo hilft das Tier?

Der Kojote hilft dir dabei, das Leben von einer humorvollen und dennoch weisen Seite zu betrachten. »Nimm dich und dein Leben nicht zu ernst!«, sagt er zu dir. »Spiel mehr, und nimm dein Leben leicht. Wisse, es gibt eine höhere Macht, die dich liebt und alles zum Besten steuert, wenn du es zulässt.« Die Kojotenkraft ist uns Menschen gesandt worden, damit wir erkennen, dass es immer verschiedene Sichtweisen gibt. Der Kojote ist schlau, und er trickst und spielt gern. Vor allen Dingen hält er gute, weise Lösungen für dich bereit – nur nicht die, die du erwartest!

Wie schützt mich der Kojote?

Der Kojote schützt dich vor zu starren Vorstellungen. Er bringt Verborgenes ans Tageslicht – und das meist in einem Moment, in dem du nicht damit rechnest. Er behütet dich davor, Dinge zu verdrängen und zu unterdrücken. Nimmst du die Gelegenheit wahr, die dir der Kojote zeigt, so kannst du dich mit Leichtigkeit und Humor von alten, behindernden Denkweisen befreien.

Verbindungsübung

Stelle dir vor, du sitzt auf einem kleinen Hügel in einer Wüstenlandschaft Nordamerikas. Bitte nun mit deinem ganzen Herzen den Kojoten um seine Kraft. Du siehst ein Tier langsam auf dich zukommen. Ungefähr zwei Meter vor dir legt sich der Kojote in den warmen Sand und schaut dich an. Nun denke an die Situation, in der du seine Kraft brauchst, und schließe deine Augen. Der Kojote wird dir Bilder der Lösung schicken. Vertraue deinen Eingebungen. Danke dem Tier, und komme zurück ins Hier und Jetzt. Denke daran: Wenn du den Kojoten bittest, dir in deinem Leben zu helfen, werden die Lösungen sehr effektiv und meist überraschend und lustig zugleich sein.

Der Kolibri

Positive Schlagwörter

Sensibilität, Zartheit und feine Wahrnehmung

Wo hilft das Tier?

Der Kolibri öffnet dich für höhere Schwingungen sowie die Schönheit und Zartheit des Lebens. Seine Gestalt lässt dich die feinen Energien um dich herum spüren, die das Leben verzaubern. Als Krafttier verhilft dir der Kolibri dazu, dass dein Herz sich durch zarte Schönheit öffnet und du alles als ein pulsierendes, regenbogenfarbenes Energiefeld wahrnimmst.

Wie schützt mich der Kolibri?

Der Kolibri bewahrt dich davor, die Schönheit des Lebens zu übersehen. Er sorgt dafür, dass du im täglichen Leben nicht hart mit dir und anderen umgehst, sondern dein Herz öffnest und deine Sensibilität und Zartheit lebst. Dieser kleine Vogel, dessen Gefieder in wunderschönen Farben schillert, unterstützt dich dabei, deine Welt mit dem Herzen zu sehen. Er hilft dir dabei, zu erkennen: Wie rau das Leben auch manchmal sein mag, es gibt immer die Möglichkeit, sich an den Regenbogen und an die lieblichen Schwingungen anzuschließen, die dich aus emotionalen Tiefpunkten tragen. Vom Regenbogen aus wird dein Herz mit pulsierendem Licht durchflutet.

Verbindungsübung

Gehe an einen Ort, an dem du ungestört bist. Schließe deine Augen, und stelle dir vor, du bist an einem ruhigen Ort im Südwesten der USA. Die Sonne scheint, und die Luft ist trocken und warm. Du sitzt auf der Veranda eines Hauses. Vor dir befindet sich ein Busch mit wunderschönen roten Blüten. Du schaust genauer hin und siehst einen kleinen Vogel mit einem langen Schnabel, der schnell mit den Flügeln schlägt. Rufe ihn in Gedanken, er kommt ganz nah zu dir. Du spürst seinen schnellen Flügelschlag, und dein Herz öffnet sich. Er berührt dich tief in deinem Innern, zarte Gefühle werden geweckt. Lasse dich von diesen Gefühlen durchfluten. Es wird sein, als wenn sich der Himmel für dich öffnet. Nun fliegt dein Freund wieder davon, aber das Gefühl der Verbundenheit bleibt. Genieße es, und wenn es für dich an der Zeit ist, komme wieder zurück ins Hier und Jetzt.

Der Lachs

Positive Schlagwörter

kraftvoll von deiner Quelle in den Strom deines Lebens schwimmen
Weisheit ernten und ans Ziel kommen

Wo hilft das Tier?

Der Lachs unterstützt dich dabei, den Fluss des Lebens als Erfahrungsschatz anzuerkennen. Durch das Erlebte sammelst du Weisheit. Er lehrt dich, stark und zielstrebig deinen Weg zu gehen, auch wenn dieser entgegen dem Strom verläuft. Seine Botschaft lautet: »Komme zurück zur Quelle deines Herzens, tanke Kraft, und handle weise aus deinem Erfahrungsschatz.«

Wie schützt mich der Lachs?

Er schützt dich davor, zu früh aufzugeben und nicht zu erkennen, dass alle Erfahrungen einen Sinn haben, weil sie dir Weisheit schenken. Er zeigt dir, dass du dich im Fluss des Lebens nicht verlieren sollst. Du hast immer die Wahl, dich wieder in die Quelle deines Herzens zurückzuziehen und Kraft zu tanken. Er bewahrt dich davor, deine Ziele aus den Augen zu verlieren.

Verbindungsübung

Du sitzt an einem Fluss und siehst, wie ein großer Lachs auf dich zu kommt. Er nimmt mit dir energetisch Kontakt auf, und schon fühlst du, wie du mit ihm im Wasser schwimmst. Er berührt deine Füße, und ein Strom an Energie breitet sich von deinen Füßen bis in deinem Kopf aus. Vitalität, Kraft und Zielstrebigkeit durchfluten dich. Denke jetzt an die Dinge in deinem Leben, die du voranbringen möchtest, und lasse ganz bewusst diese Energie dort hineinfließen. Stelle dir vor, wie du kraftvoll deinen Weg gehst, deine Ziele erreichst und voller Ruhe und Zufriedenheit das Ergebnis genießt. Rufe deinen Lachs immer dann, wenn du diese Energie brauchst.

Die Libelle

Positive Schlagwörter

Kontakt zu Feen und Elfen
Schnelligkeit und Wendigkeit

Wo hilft das Tier?

Die Libelle hilft dir dabei, den Kontakt zu Feen und Elfen aufzunehmen. Diese Wesen mit zwei Flügelpaaren leben in zwei Welten. Wo sie sich zeigen, ist sowohl die reale Welt als auch die magische Welt vorhanden. Libellen sind sehr wendig. Nehmen sie ein Hindernis wahr, korrigieren sie in Sekundenschnelle ihren Flug. Die Libelle hilft dir dabei, Entscheidungen schnell zu treffen und Hürden auf deinem Weg elegant zu überwinden.

Wie schützt mich die Libelle?

Die Libelle lädt dich ein, das kleine Volk der Feen und Elfen wahrzunehmen, und schützt dich davor, deine Augen vor ihnen zu verschließen. Sie zeigt dir, dass es falsch ist, sich von Hindernissen auf dem Weg abschrecken zu lassen, und unterstützt dich dabei, schnell und sicher zu entscheiden, wie es weitergeht. Rufe sie, wenn du feststeckst oder vor schwierigen Entscheidungen stehst.

Verbindungsübung

Rufe mit deinem Herzen die Libellenkraft. Eine Libelle lädt dich ein, auf ihrem Rücken mitzufliegen. Fühle mit deinem ganzen Sein, wie ihre Wendigkeit und Schnelligkeit auf dich übergehen. Wenn du willst, lasse dich in die Welt des kleinen Volkes fliegen, wo du die Feen und Elfen um magischen Beistand bitten kannst. Du spürst die Schnelligkeit und Wendigkeit der Libelle noch lange, nachdem du zurückgekehrt bist.

Der Luchs

Positive Schlagwörter

Hellsichtigkeit
kann Verborgenes aufdecken

Wo hilft das Tier?

Der Luchs ist ein starkes Krafttier. Er bringt die Hellsichtigkeit in dein Leben und kann dir dabei helfen, alles, was im Verborgenen liegt, zu erkennen und zu verstehen. Gibt es Situationen, in denen du nicht weiterweißt? Der Luchs lässt dich tiefer schauen und verborgene Hintergründe erkennen. Dieses Totemtier ist Träger des Lichtes und verbindet dich mit der Energie und Klarheit des Himmels.

Wie schützt mich der Luchs?

Der Luchs schützt dich vor der Hinterlist anderer Menschen. Er bewahrt dich davor, eine Situation oder dein Gegenüber nur oberflächlich zu betrachten. Dieses Krafttier schützt dich vor Heimlichkeiten in deinem Umfeld und auch in dir. Es bringt Licht ins Dunkel und behütet dich auf dem Weg zu spirituellen Erkenntnissen und auf neuen Pfaden.

Verbindungsübung

Suche dir einen Ort der Stille. Schließe deine Augen, und stelle dir Folgendes vor: Du sitzt in einer stillen Vollmondnacht an einem Waldrand. Rufe deinen Luchs aus ganzem Herzen, und dann werde still. Das Tier wird sich dir vor deinem inneren Auge zeigen. Du spürst seine Gegenwart und seine Stärke. Nun denke an eine Situation, in der du seine Kraft brauchen könntest. Lasse die Energie des Luchses in diese Situation einfließen. Neue Erkenntnisse werden sich einstellen! Du durchblickst die Geschehnisse von neuen, höheren Ebenen aus. Bitte von nun an immer den Luchs um sein Licht, wenn du Lösungen finden willst, die zum Wohle aller sind. Nimm dir die Zeit, die du brauchst, und komme dann zurück ins Hier und Jetzt. Danke dem Tier!

Der Marienkäfer

Positive Schlagwörter

Glück im Leben
Verbindung zur göttlichen Mutter

Wo hilft das Tier?

Der Marienkäfer bringt das Glück in alle Bereiche deines Lebens. Projekte können besser gelingen. Dein Herz füllt sich mit Glücksgefühlen, und von dort aus fließt die positive Energie in dein ganzes Leben und segnet alles, was du vorhast. Er macht dir bewusst, dass die Marienenergie von Liebe und Güte immer und überall dein Leben bereichern kann. Er sagt dir: »Glück ist kein Zufall! Du brauchst dich nur bewusst dafür zu öffnen.«

Wie schützt mich der Marienkäfer?

Er schützt dich davor, das Glück, das stets an deiner Seite ist, zu übersehen. Der Marienkäfer will dir bewusst machen, dass das Glück ganz nah ist. Du musst dich nur dafür öffnen.

Er rät dir, auch in den scheinbar kleinen Glücksmomenten in deinem Leben die Funken des Glücks bewusst wahrzunehmen und dafür dankbar zu sein. Damit segnen wir sie, und sie können sich vermehren. Wenn wir uns bewusst machen, dass dieser kleine Freund uns an das große Glück erinnern will, öffnet sich der Himmel für uns.

Verbindungsübung

Rufe still deinen Marienkäfer, und sogleich siehst du ihn vor dir sitzen. Nimm seine rote Farbe und sein zartes Wesen wahr. Beobachte ihn, und sieh, dass er sich auch dir zuwendet. Lasse ihn auf deinen Handrücken krabbeln. Von dort aus bewegt er sich auf dein Herz zu. Er kommt in der Höhe deines Herzens an, und sofort wirst du von einer feinen und zugleich kraftvollen Glücksenergie überflutet. Genieße es, und lasse es zu. Du kannst jetzt an die Bereiche deines Lebens denken, wo du Glück brauchst. Sende diese starke Energie in deinen Gedanken genau dorthin. Lasse dich ganz erfüllen, und fühle, wie alles in deinem Leben von Glück durchflutet wird.

Der Maulwurf

Positive Schlagwörter

Erdung und erhöhte Sensibilität

Wo hilft das Tier?

Der Maulwurf ist sehr sensibel. Jede Erschütterung – und wenn sie nur durch einen Wurm ausgelöst wird, der sich in der Erde bewegt – nimmt er wahr. Er hilft dir, sensibler zu werden, damit du in deinem Umfeld feine Disharmonien wahrnehmen und rechtzeitig darauf reagieren kannst. Er sorgt für deine Erdung und schenkt dir die Wurzeln, die dich mit Kraft versorgen. Für die Kansa-Indianer ist der Maulwurf auch das Krafttier, das Heilkräuter und heilende Wurzeln kennt.

Wie schützt mich der Maulwurf?

Der Maulwurf bewahrt dich davor, den Boden unter deinen Füßen zu verlieren. Er leitet dich an, dein Umfeld wahrzunehmen, und erinnert dich daran, dass für ein harmonisches Leben die Verbindung wichtig ist. Er lehrt dich, auf Gefühl und Intuition zu vertrauen und einfach weiterzugehen, auch wenn du deinen Weg nicht siehst. So wirst du vorankommen.

Verbindungsübung

Stelle dir vor, es dämmert, und du sitzt auf einer Wiese. Um dich herum sind einige Maulwurfshügel. Ganz in deiner Nähe bewegt sich etwas in einem Hügel, und du siehst den kleinen Kopf eines Tieres. Der Maulwurf lädt dich zu einer Fantasiereise ein. Schon befindest du dich auf seinem Rücken. Seine rosa Schaufeln graben sich mit dir nach unten in Mutter Erde. Es ist dunkel, und du riechst und fühlst die Erde. Es ist, als wenn du das Nährende und Schützende unserer Mutter Erde mit jeder Faser deines Seins aufnimmst. Du spürst ihre Kraft, alles fühlt sich lebendig an. Dir wird klar, dass auch hier im Dunkeln eine eigene Welt existiert – du kannst sie wahrnehmen. Danke dem Tier, und wenn du genug Erdung, Kraft und Sensibilität erhalten hast, komme ins Hier und Jetzt zurück. Atme tief ein und aus – willkommen zurück!

Die Maus

Positive Schlagwörter

auf Details achten
aus der Bescheidenheit heraus großzügig sein

Wo hilft das Tier?

Die Maus ist bescheiden und zufrieden mit dem, was sie findet. Sie hilft dir dabei, dankbar zu sein für die Dinge, die du hast. »Fokussiere dich auf das Wichtigste, bevor du weitere Schritte gehst!«, lautet die Botschaft der Mauskraft. Die Maus unterstützt dich dabei, großzügig mit der Umwelt umzugehen und nicht übertrieben kritisch zu sein.

Wie schützt mich die Maus?

Die Maus schützt dich, indem sie dir dabei hilft, eine Situation so zu überblicken, dass du einzelne wichtige Bestandteile nicht übersiehst. Sie zeigt dir, dass du von dir und von anderen Menschen nicht erwarten sollst, alles auf einmal bewältigen zu können. »Arbeite in kleinen, überschaubaren

Teilen!«, sagt sie dir. »Das wird dich davor bewahren, dich zu überfordern.«

Verbindungsübung

Schließe deine Augen, und atme in dein Herz hinein. Komme ganz bei dir an. Stelle dir vor, eine süße kleine Maus kommt auf dich zu. Sie tastet mit den Barthaaren ihre Umgebung ab und entdeckt jeden kleinen Krümel, der ihr als Nahrung dienen könnte. Du beginnst, sie zu verstehen, und kannst dich in ihre Handlungen hineinfühlen. Nun denke an dein Leben: Wo brauchst du die Mausperspektive? Wohin führt dich dein nächster Schritt? Hast du dich gar selbst überfordert? Lasse dir von der Mauskraft zeigen, auf welchen Teil deines Lebens du dich jetzt konzentrieren sollst. Wenn alle Fragen beantwortet sind, komme ins Hier und Jetzt zurück. Danke dem Tier für seine Unterstützung.

Der Otter

Positive Schlagwörter

Erfindungsgeist, Freude und Erneuerung der Lebensenergien

Wo hilft das Tier?

Der Otter unterstützt dich dabei, im Umgang mit Vorhaben und Projekten erfinderisch zu sein, sodass du sie erfolgreich und leicht umsetzen kannst. Er spendet dir die Kraft der Erneuerung und Regeneration und zeigt dir, dass du mit Freude im Herzen anstrengende und schwierige Phasen leichter durchleben kannst. Seine Familie ist dem Otter wichtig, und so schenkt er dir die Kraft eines guten Familienverbandes.

Wie schützt mich der Otter?

Der Otter schützt dich davor, deine Arbeit als Last zu betrachten. Er verleiht dir die Einsicht, dass alles im Leben mit der richtigen Einstellung Freude bereiten kann. Durch seine Regenerationskraft bewahrt er dich vor Erschöpfung und einem Burn-out. Mit seinem Erfindungsreichtum zeigt er dir, wie du es vermeidest, steckenzubleiben, und ermuntert dich, bei Angelegenheiten, die dir wichtig sind, nicht aufzugeben.

Verbindungsübung

Schließe deine Augen, und stelle dir vor, du sitzt an einem Fluss. Der Otter wird sich nicht von selbst zeigen, du musst ihn aus ganzem Herzen rufen. Es bewegt sich etwas im Wasser: Zwei dunkle Augen schauen dich an, und wie ein Strom aus Licht fließt von diesem kleinen, geschmeidigen Tier die Kraft zu dir. Nimm sie in jeder Zelle deines Seins wahr. Lasse sie überall dorthin fließen, wo du Freude und Regeneration brauchst. Benötigst du eine Idee für ein bestimmtes Projekt, dann entspanne dich, vertraue auf deinen Erfindergeist, und lasse die Lösung einfach in dir aufsteigen. Fühlst du dich aufgeladen und satt an Energie, dann danke dem Otter, schenke ihm dein Lächeln, und komme zurück ins Hier und Jetzt.

Das Pferd

Positive Schlagwörter

Ziele durch Beweglichkeit und Willen erreichen
den eigenen Platz in der Gemeinschaft finden

Wo hilft das Tier?

Das Pferd als Krafttier gibt dir Durchhaltevermögen und den Willen, das Beste zu geben. Mit Anmut und Kraft dient es dem, der seine Sprache versteht. Das Pferd sucht die Nähe anderer Gefährten, um sich wohlzufühlen. Es hilft dir dabei, in Gemeinschaften zu leben und zu akzeptieren, dass jeder seinen Platz hat.

Wie schützt mich das Pferd?

Das Pferd schützt dich vor Einsamkeit und erinnert dich daran, dass jeder seinen Platz in der Gemeinschaft finden kann. Sein Durchhaltevermögen und sein Wille verhindern, dass es frühzeitig aufgibt. Seine Beweglichkeit lehrt dich, über Hindernisse hinwegzuspringen oder auch ihnen auszuweichen und einen neuen Weg einzuschlagen.

Verbindungsübung

Stelle dir vor, du stehst vor einer Koppel und beobachtest eine Gruppe von Pferden. Eins zieht deine Aufmerksamkeit ganz auf sich. Verbinde dich über dein Herz mit diesem Tier. Es löst sich langsam aus der Herde und kommt im Schritttempo auf dich zu. Du spürst seine Stärke und Anmut. Seine Kräfte fließen in dein Energiefeld und erfüllen deinen ganzen Körper. Das Pferd hält dir seinen Kopf hin, und du streichelst ihn sanft. Ihr beide genießt diese gemeinsame Zeit der Nähe. Bitte dein Pferd um seine Kraft, und sag ihm, wenn du willst, für welche Situation in deinem Leben du seine Eigenschaften brauchst. Du könntest es auch nach seinem Namen fragen, um es jederzeit rufen zu können. Ist deine Begegnung beendet, danke dem Tier, atme in dein Herz hinein, und komme zurück ins Hier und Jetzt.

Der Puma

Positive Schlagwörter

Führungskraft und Entschlossenheit
Anmut erwecken

Wo hilft das Tier?

Der Puma hilft dir dabei, Trägheit abzuschütteln und schnell zu handeln. Seine Führungsstärke kann dich im Leben dabei unterstützen, Projekte zielstrebig und mit Anmut anzugehen und zu vollenden. Die Pumaenergie gibt dir körperliche Kraft.

Wie schützt mich der Puma?

Dieses Krafttier schützt dich davor, gute Gelegenheiten zu verpassen. Es stärkt deine Führungskraft und bewahrt dich vor phlegmatischem Handeln. Es macht dir bewusst, dass eine anmutige Ausstrahlung und entschlossenes Handeln deine Selbstsicherheit stärken und auch dein Umfeld positiv beeinflussen.

Verbindungsübung

Setze dich hin, und schließe deine Augen. Atme in dein Herz hinein. Nun bitte den Puma um seine Kraft und Hilfe. Du hörst den Atem deines Tieres ganz nah. Vielleicht kannst du es in seiner anmutigen Gestalt vor deinem geistigen Auge sehen. Seine Energie fließt in dich herein, und du spürst, wie du dich innerlich aufrichtest. Lasse diese Kraft in all die Bereiche deines Lebens fließen, in denen du sie benötigst. Sieh nun die positiven Auswirkungen! Danke dem Tier, und komme zurück ins Hier und Jetzt.

Der Rabe

Positive Schlagwörter

Magie vermitteln • der Wahrheit treu bleiben
schützender Begleiter bei Anderswelt-Reisen

Wo hilft das Tier?

Rufe den Raben, wenn du deine magischen Kräfte und Kräfte des Heilens brauchst und leben willst. Hole ihn für Reisen in andere Dimensionen (schamanische Reisen) an deine Seite. Bitte ihn um sein schützendes Geleit. Gibt es Dinge in deinem Herzen, mit denen du dich schon länger beschäftigst, die du aber nicht aussprichst, so verbinde dich mit der Kraft des Raben. Sie bringt dir den Mut, alles auszusprechen, was dir auf der Seele liegt.

Wie schützt mich der Rabe?

Der Rabe verheißt dir magische Momente im Leben. Er ist fähig, gleichzeitig in verschiedenen Dimensionen zu wirken, und er schützt und begleitet dich bei magischen Ritualen und bei Reisen in andere Welten. Der Rabe hilft dir dabei, deine innere Wahrheit auszusprechen – auch wenn du damit rechnen musst, dass andere Menschen anderer Meinung sind.

Verbindungsübung

Konzentriere dich auf dein Drittes Auge, das zwischen deinen Augenbrauen liegt. Entspanne dich, und rufe den Raben. Bitte ihn um ein Zeichen. Stelle dir vor, du berührst sanft sein Federkleid und schaust in seine dunklen Augen. Schenkt er dir eine Feder? Seine Kraft fließt in dich hinein und schützt dich im Hier und Jetzt sowie auf allen Reisen in andere Dimensionen.

Das Reh

Positive Schlagwörter

Reinheit, Sanftmut und Liebe
Wandel von Negativem durch Liebe

Wo hilft das Tier?

Das Reh hilft dir dabei, aus deinem Herzen heraus zu handeln. Es sagt: »Bleib in deiner Sanftmut und Reinheit, und lasse alles Dunkle schmelzen.« Wenn das Reh dich anschaut, ist es in der Lage, mit seiner Reinheit und Sanftmut Wut, Zorn und sogar Bösartigkeit in Mitgefühl und Liebe zu verwandeln.

Wie schützt mich das Reh?

Das Reh schützt dich davor, in Wut und Zorn steckenzubleiben. Dieses Krafttier zeigt dir, wie du durch Reinheit und Sanftmut negative Emotionen und Gefühle bei Menschen verschwinden lassen kannst. Wann auch immer du denkst, dass du negativen Emotionen ausgeliefert bist, lautet die Botschaft der Rehkraft: »Habe Mut! Liebe ist die stärkste

Kraft, Mitgefühl und Verständnis sind der Weg dorthin.« Erkenne in jedem Menschen die Liebe und das Gute, auch wenn diese hinter Wänden der Wut und des Zorns verborgen sind. Das Reh schützt dich davor, zu meinen, dass die negativen Emotionen das wahre Ich des Menschen sind. Es lässt dich erkennen, dass die Basis dieser Welt die Liebe ist.

Verbindungsübung

Spaziere in deiner inneren Welt an eine Waldlichtung. Es ist ein sehr schöner und ruhiger Ort, und du bist dort allein. Nun entdeckst du in nicht so weiter Ferne eine kleine Gruppe Rehe. Ihr alle bleibt stehen. Verbinde dich über dein Herz mit den Tieren, indem du ihnen Liebe sendest. Ein besonderes Reh schaut dir direkt in die Augen. Gehe langsam auf das Tier zu, und du wirst spüren, dass der Blick des Rehs dein Herz mit Sanftmut und Reinheit überflutet. Es berührt dich tief. Dieser Blick ist wie eine Welle und bringt alles in dir zum Schmelzen, was nicht Liebe ist. Danke dem Tier. Immer wenn du an diesen Ort kommst, wird das Reh auf dich warten.

Die Schildkröte

Positive Schlagwörter

Rückzug • Kraft tanken
Verbindung zu Schutz und Geborgenheit

Wo hilft das Tier?

Die Schildkröte hilft dir dabei, im richtigen Moment den Rückzug anzutreten. Sie legt dir nahe, keine voreiligen Entscheidungen zu treffen oder unüberlegte Schritte zu gehen. Die Schildkröte steht bei den Indianern für Mutter Erde, die uns Nahrung und Erdung schenkt. Die Schildkrötenkraft verbindet dich mit dem Schutz und der Fürsorge der Urweiblichkeit und gibt dir einen sicheren Halt unter den Füßen.

Wie schützt mich die Schildkröte?

Diese Kraft schützt dich davor, in der Betriebsamkeit deines Alltags unterzugehen. Die Schildkröte bewahrt dich davor, voreilige Entscheidungen zu treffen, und leitet dich an, aus der Ruhe heraus deinen Weg zu gehen. Sie zeigt dir, dass es sinnvoll sein kann, in stürmischen Zeiten den Kopf unter den Panzer zu ziehen, sich auszuruhen und Kraft zu tanken, um sich dann aufs Neue den Herausforderungen des Lebens zu stellen.

Verbindungsübung

Schließe deine Augen, und stelle dir vor, du stehst an einem Fluss in einer schönen, grünen Landschaft. Setze dich auf einen großen Stein am Ufer, und rufe deine Schildkröte. Du siehst ein großes und altes Tier auf dich zukommen. Als es dich entdeckt, hält es inne und schaut dich an. Du gehst auf deine Schildkröte zu und berührst ihren Panzer. Kraft und Ruhe fließen in dich herein. Du hörst in deinem Kopf die Worte: »Immer wenn du meinen Schutz und meine Kraft brauchst, berühre im Geist meinen Panzer, und er wird der deine sein.« Du setzt dich ins Gras, und auch das Tier verweilt bei dir – so lange, bis du bereit bist, deine Rückreise ins Hier und Jetzt anzutreten. Atme tief ein und aus. Öffne deine Augen – willkommen zurück!

Die Schlange

Positive Schlagwörter

Stärkung der Heilkräfte
Schutz bei der Meditation
Aufzeigen von Kraftorten in der Natur

Wo hilft das Tier?

Die Schlange hat starke heilende Kräfte und unterstützt Menschen in Heilberufen. Ihren Schutz bietet sie allen, die auf verschiedenen Energieebenen wirken oder große spirituelle Öffnungen erfahren. Wenn sich eine Schlange an einem Ort zeigt, ist dies höchstwahrscheinlich ein Kraftplatz oder eine Stelle, an der andere Dimensionen wahrgenommen werden können.

Wie schützt mich die Schlange?

Die Schlange bietet kraftvollen Schutz für schamanische Reisen in andere Dimensionen. Sie schützt dich vor Krankheit, wenn du in Heilberufen tätig bist. Ihr Schutz ist vielschichtig und sehr kraftvoll. Rufe sie immer dann, wenn du Energieebenen oder Dimensionen wechseln willst, und bei Einweihungen.

Verbindungsübung

Stelle dir vor, du sitzt auf einem Kraftplatz in der Natur vor einer Höhle. Es ist warm in der Sonne. Du lehnst dich gegen einen Felsen und schaust auf die Öffnung der Höhle. Rufe jetzt deine Schlange, und du siehst, wie sie sich langsam aus der Höhle schlängelt. In der Hand hältst du Goldstaub. Er hilft dir dabei, wirklich sicherzugehen, dass es deine Krafttierschlange ist. Lasse den Goldstaub auf sie fallen. Wird sie noch heller und schöner, so ist sie deine Schlange. Löst sie sich auf, dann warte noch eine Weile auf deine Schlange. Teste jede Schlange, die sich dir zeigt, aufs Neue. Hast du die richtige gefunden, frage sie nach ihrem Namen, damit du sie zu jeder Zeit rufen kannst.

Der Schmetterling

Positive Schlagwörter

Transformation
Neubeginn mit Leichtigkeit bewältigen

Wo hilft das Tier?

Der Schmetterling hilft dir dabei, Altes loszulassen: Sein Transformationsprozess birgt in sich einen Neubeginn. Das Insekt unterstützt dich dabei, aus den alten Mustern der Vergangenheit zu schlüpfen und neue, befreite Wege zu gehen. Es schenkt dir Leichtigkeit und die Gewissheit, dass nach der Entpuppung ein wunderschöner und leichter Weg vor dir liegt. Du darfst frei fliegen, voller Zartheit und auch Kraft.

Wie schützt mich der Schmetterling?

Der Schmetterling schützt dich davor, in alten Mustern steckenzubleiben. Seine Transformationskraft hilft dir dabei, dich zu entpuppen. Er verleiht dir die Ausdauer, lange Reisen zu machen, um ans Ziel zu kommen, und schützt dich davor, den Weg vorzeitig abzubrechen – besonders, wenn das Ziel ein wichtiger Punkt in deinem Leben ist.

Verbindungsübung

Stelle dir vor, du sitzt auf einer schönen Sommerwiese. Du kannst den betörenden Duft der Blumen riechen. Nun setzt sich ein wunderschöner bunter Schmetterling auf deine Schulter. Du nimmst seine zarte Sanftheit wahr. Überlege dir nun, was du loslassen möchtest, um einen Neubeginn zu starten. Welcher Ballast soll dir heute von der Schulter genommen werden? Der Schmetterling erhebt sich von dir, und du spürst, dass dir all das, was dich an einem Neubeginn gehindert hat, abgenommen wird. Fühle, wie leicht deine Schultern sind, und nimm wahr, dass der Neubeginn schon eingeläutet ist.

Die Schwalbe

Positive Schlagwörter

Glück im Leben und in der Partnerschaft

Wo hilft das Tier?

Die Schwalbenkraft bringt Glück in dein Leben, ganz besonders in deine Partnerschaft. Sie hilft dir dabei, im Hier und Jetzt zu sein und den Augenblick zu genießen. Sie erinnert dich daran, mit deinen Gedanken nicht im Gestern oder Morgen zu verharren. Eine alte Geschichte handelt davon, dass die Schwalben Jesus die Dornen aus den Füßen gezogen haben. Bitte dieses Totemtier daher, auch dir Erleichterung zu schenken und dich von allen »Dornen« der Vergangenheit zu befreien.

Wie schützt mich die Schwalbe?

Die Schwalbe schützt dich davor, in der Vergangenheit steckenzubleiben. Sie hilft dir dabei, den Augenblick zu genießen, und sie bewahrt dich davor, in Gedanken ganz woanders zu sein. Die Schwalbenkraft behütet deine Partnerschaft.

Verbindungsübung

Schließe deine Augen, und stelle dir vor, dass du einen Schwarm Schwalben beobachtest. Eine fliegt in immer enger werdenden Kreisen an dir vorbei. Bitte sie um Verbindung. Konzentriere dich auf deine Mitte, und lasse ihre Kraft in dein Herz. Nun nimmst du dich ganz wahr, und Glück und Erneuerung öffnen sich dir. Lasse diese Kraft in alle Ebenen deines Lebens fließen. Wenn du so weit bist, komme ins Hier und Jetzt zurück. Danke dem Tier, und genieße dein Leben!

Der Schwan

Positive Schlagwörter

Verbindung zu Ganzheit, Mut und
zum Lebenspartner/zur Lebenspartnerin

Wo hilft das Tier?

Der Schwan bringt Frieden, beständige Liebe und die Verbindung zu all deinen Bewusstseinsebenen. Er hilft dir dabei, Körper, Geist und Seele in Einklang zu bringen, und öffnet dir die Tür zu deinem Höheren Selbst. Der Schwan wählt einen Partner für sein ganzes Leben und liebt bedingungslos. Er unterstützt dich dabei, mit dir und der Welt in Einklang zu leben, und öffnet neue Räume deines Herzens.

Wie schützt mich der Schwan?

Der Schwan schützt dich davor, eine Beziehung voreilig zu beenden, und erinnert dich daran, dass du nur mit dem Herzen gut siehst und vernünftige Entscheidungen triffst. Dieses Krafttier bewahrt dich davor, bloß einen Teil deines

Seins zu leben, und bringt dir die ganzheitliche Verbindung. Es ist ein Glücksbringer in allen Bereichen deines Lebens. Der Schwan schenkt dir wahre Liebe und göttliche Verbindung.

Verbindungsübung

Atme in dein Herz hinein. Stelle dir vor, du befindest dich in deinem Herzen und vor dir ist eine schöne, weiße, geschwungene Tür. Du gehst zu dieser Tür, öffnest sie und stehst in einem Teil deiner Seelenlandschaft. Vor dir liegt ein friedlicher See, und du setzt dich an sein Ufer. Du kannst zwei Schwäne sehen. Bleibe ganz ruhig, und rufe sie mit deinem Herzen. Wünsche sie dir herbei. Sie kommen und schauen dich mit ihren dunklen Augen freundlich an. Nun spürst du, wie dein Herz berührt und mit Liebe durchflutet wird. Diese Kraft steigert sich. Es ist, als wenn all dein Sein sich nun mit dem Frieden in deinem Herzen verbindet. Diese Anbindung an dein Höheres Selbst gibt dir Gottvertrauen und das Gefühl, dass alles möglich ist. Dein Verstand kommt zur Ruhe, und dein Körper entspannt sich. Öffne deine Augen in deinem eigenen Tempo, und komme zurück ins Hier und Jetzt.

Die Spinne

Positive Schlagwörter

Verbindung zum höheren Bewusstsein
Glück haben

Wo hilft das Tier?

Die Spinne webt einen feinen Faden zu deinem Höheren Selbst, deinen Engeln und geistigen Helfern. Sie schenkt dir eine Verbindung zum Himmel. Dort gibt es Antworten auf all deine Fragen zu deinem Leben und deinem Lebensweg. Für viele Indianerstämme Nordamerikas verheißt eine Begegnung mit einer Spinne Glück.

Wie schützt mich die Spinne?

Die Spinne als Krafttier schützt dich davor, in der Hektik des Alltags deine Verbindung zu den höheren Dimensionen und Lichtwesen zu vergessen. Brauchst du einen Rat von einem spirituellen Helfer, so bitte die Spinne darum. Sie webt die Verbindung für dich. Nimm dir die Zeit, in der Stille ihre

Botschaften zu hören. Die Spinne unterstützt dich dabei, ein Netz der liebenden Verbindung zu allen Wesen zu weben.

Verbindungsübung

Nimm dir Zeit, und setze dich an einen ruhigen Ort. Entspanne dich, und rufe nun in Gedanken deine Spinne. Du siehst sie vor deinem inneren Auge. Bitte sie um die Verbindung, die du dir wünschst. Höre so lange in dich hinein, bis du eine Antwort oder eine Botschaft vernimmst, siehst oder fühlst. Danke der Spinne, wenn es Zeit für dich ist, zurückzukommen, und schreibe deine Erkenntnisse auf.

Der Wal

Positive Schlagwörter

altes und neues Wissen
deine Verbindung zum Universum

Wo hilft das Tier?

Der Wal schwimmt mit seiner großen Kraft in dein Leben, um dir zu helfen, dich mit allen Bewusstseinsebenen deines Seins zu verbinden. Gibt es Bereiche in deinem Leben, die einfach nicht funktionieren wollen, so sagt der Wal zu dir: »Lass uns in deine tiefe Vergangenheit tauchen, um alte Blockaden zu finden, sie ans Licht zu bringen und zu erlösen. Rufen wir gemeinsam die lichten Kräfte des Universums. Bitten wir sie, dich zu unterstützen, damit du im Hier und Jetzt ganz frei werden kannst.« Möchtest du dich und deine Geschichte verstehen und deine Ahnen kennenlernen, so ist der Wal eine große Hilfe.

Wie schützt mich der Wal?

Der Wal schützt dich davor, nur Teile deines früheren Lebens zu sehen und wichtige Ereignisse aus deiner Vergangenheit unbeachtet zu lassen. Oft sind es Traumen und falsche Schlussfolgerungen, die mit ihrer Energie bis heute in deinem Leben wirken und Unerwünschtes hervorrufen. Der Wal kennt deine Seelengeschichte und bewahrt dich davor, dich und dein Leben einseitig zu betrachten.

Verbindungsübung

Atme in dein Herz hinein, und stelle dir vor, du stehst am Strand eines Ozeans. Du schaust auf das ruhige Wasser, und weit draußen kannst du Wasserfontänen sehen. Es ist eine Walfamilie, deine Walfamilie. Sie kommt näher, und du schwimmst ihr ein wenig entgegen. Das Wasser trägt dich liebevoll. Ein großer Wal kommt sanft und voller Vertrauen auf dich zu und lässt sich von dir berühren. Eine feine, liebevolle Energie geht von ihm aus. Lasse zu, dass diese Energie dich ganz erfüllt. Jetzt kannst du ihn um altes Wissen, die Erweiterung deines Bewusstseins oder um die verbindende Energie des Universums bitten. Nimm wahr, was er dir mitteilt, und komme in deiner Zeit langsam zum Strand zurück.

Die Wildkatze

Positive Schlagwörter

Stärkung des spirituellen Willens
mit allen Sinnen die Welt wahrnehmen

Wo hilft das Tier?

Die Wildkatze ist dein Begleiter auf dem Weg zu deinem ganz eigenen, spirituellen Leben. Sie stärkt deine Wahrnehmung für deine spirituellen Kräfte. Diese Katze schenkt dir ihre Gaben. Sie schärft deinen 7. Sinn, deine Hellsichtigkeit und dein intuitives Bauchgefühl. Ihr sanftes und zugleich kraftvolles Wesen steht dir zur Seite und unterstützt dich, zentriert und mit Power für dich und deine Überzeugungen einzustehen.

Wie schützt mich die Wildkatze?

In erster Linie schützt das Tier dich davor, dich in den Meinungen anderer zu verlieren. Es unterstützt dich dabei, zu erkennen, welche spirituellen Lehren dir guttun, und warnt dich vor Lehren, die nicht deinem Seelenwillen entsprechen. Die Wildkatze hilft dir, zu unterscheiden, was dich stärkt und was dich daran hindern könnte, deine ureigene Seelenkraft klar zu sehen.

Verbindungsübung

Stelle dir eine Wildkatze vor. Sie schaut dich an. Ihre Augen ziehen dich in ihren Bann. Aus ihren graugrünen Augen fließen Wellen von Kraft und Sanftheit in dich herein. Lasse diese Energien dich ganz erfüllen. Die Wildkatze will für dich da sein. Sie kommt zu dir und reibt ihren Kopf an deinen Beinen. Ihr sanftes Wesen und ihr Wille berühren dich tief in deinem Herzen. Dich erfüllt nun eine Sicherheit: Deine Hellsinnigkeit wird geweckt und gestärkt. Genieße diese Verbindung. Lade dich auf, und wisse, diese Begegnung kannst du jederzeit wiederholen.

Das Wildschwein

Positive Schlagwörter

Kraft, Erdung
Instinkte aktivieren, um Dingen auf den Grund zu gehen

Wo hilft das Tier?

Heute kommt das Wildschwein im Schweinsgalopp in dein Leben, um ihm mehr Kraft zu verleihen. Es rät dir: »Gehe hinaus aus dem Verstand, und besinne dich auf deine Instinkte. Erde dich, und finde deine Urkraft.« Es zeigt dir, wie du mit Feingefühl unbehaglichen Situationen auf den Grund gehst, um sie in Freude und Erfolg zu verwandeln. Das Wildschwein unterstützt dich dabei, deinen Platz im Leben und auch in deinem Familienverband einzunehmen.

Wie schützt mich das Wildschwein?

Es schützt dich vor Kopfentscheidungen, die dein Herz nicht mit einschließen. Es verleiht dir Kraft, wenn du sie brauchst, und verhindert Energieverlust. Das Wildschwein sorgt dafür, dass du die wichtigen Dinge im Leben, wie Erdung, gute Nahrung und ein wohliges, freudiges Miteinander, nicht vergisst.

Verbindungsübung

Atme in dein Herz hinein, beim Ausatmen stehst du auf einer wundervollen Waldlichtung. Setze dich in die Mitte dieses verzauberten Ortes, und spüre Mutter Erde unter dir. Jetzt bemerkst du ganz in der Nähe ein Wildschwein, das dich prüfend beobachtet. Es kommt zu dir, legt sich vor dich hin und sieht dich mit freundlichen Augen an. Du spürst, wie von Mutter Erde eine starke Kraft in dich hereinfließt. Du lässt diese Kraft zu und kommst sofort in deiner Mitte an. Das Schwein beginnt, in der Erde vor deinen Füßen zu wühlen. In deiner Vorstellung lockerst auch du mit deinen Händen die Erde auf, um einen Schatz freizulegen. Du kannst jetzt an eine Situation denken, für die du eine Lösung suchst. Nutze dein Gespür, und bitte das Wildschwein um Beistand. Ihr legt zusammen ein Bild, ein Gefühl oder einen Gedanken davon frei, was dich weiterbringt. Wenn du genug aufklärende Einsichten für eine Lösung gefunden hast, komme zurück ins Hier und Jetzt. Genieße deine neu gewonnene Klarheit und die Kraft, Probleme mit Leichtigkeit zu lösen.

Der Wolf

Positive Schlagwörter

kraftvolle Begleitung
Schutz

Wo hilft das Tier?

Die Wolfskraft ist stark. Es gibt keinen stärkeren Schutz als sie. Der Wolf lässt dich als Begleiter nie allein. Er gibt dir Sicherheit, Stärke und Verbundenheit. Der Wolf behütet seine Familie, das Rudel, spendet Trost und schenkt Geborgenheit. Er hilft dir dabei, zu einer Familie oder Gruppe dazuzugehören, befreit dich aus Isolation und Einsamkeit und unterstützt dich dabei, dein Rudel, deine Familie, zu lieben und zu schätzen.

Wie schützt mich der Wolf?

Der Wolf beschützt dich auf all deinen Wegen. Wo auch immer du bist, auch er ist da und wird seine Zähne zeigen, wenn dir jemand zu nahe kommt. Er behütet dich und deine

Lieben. Er sorgt dafür, dass alle in deiner Gemeinschaft oder Familie zusammenarbeiten. Alle für einen, einer für alle.

Verbindungsübung

Suche dir einen stillen Ort, an dem du deinen Wolf rufen kannst. Nimm dir Zeit für diese wichtige Begegnung. Atme tief ein und aus, und öffne dein Herz. Sei ganz still, und du wirst vielleicht sein Kommen hören oder auch spüren. Er wird dich erst einmal beschnuppern. Halte still, und öffne langsam deine Augen. Schaue ihn nicht direkt an, sondern senke leicht deinen Blick, damit er spürt, dass er dich leiten darf. Dann schließe wieder deine Augen, und die Nähe und Energie des Wolfes fließt in deinen ganzen Körper. Gib ihm einen Namen, mit dem du ihn jederzeit rufen kannst, wenn du seine Hilfe brauchst.

Schlusswort

Dieses Buch hat auch uns noch tiefer mit den Krafttieren verbunden. Während des Schreibens nistete sich eine Maus bei uns ein und erinnerte uns daran, dass wir das Wesentliche nicht vergessen sollten.
Der Habicht hat uns stets bei unseren Spaziergängen begleitet und zeigte sich oft dann, wenn wir wissen sollten, dass der Große Geist über uns wacht.
Wir haben das große Glück, eine tiefe Verbindung zu den Indianern Nordamerikas zu haben. Ihr Selbstverständnis, ihr Weg, mit den Krafttieren zu leben, sie zu achten und zu ehren, war und ist eine große Bereicherung für uns.
Rufe deine Krafttiere! Sie werden mit all ihren Stärken kommen. Lasse zu, dass der Himmel dir durch diese Wesen hilft. Mögen sie als Helfer und Begleiter zu einem Teil deines Lebens werden!

Über die Autoren

Elke Kirchner ist hellsichtig und geht den Weg der Schamanin. Sie channelt Uriel, ein Engelwesen, und steht mit Lichtwesen und Krafttieren in Kontakt. Elke Kirchner leitet seit 12 Jahren Engel- und Schamanenseminare und ist Mitbegründerin des Vision-of-Love-Zentrums für spirituelles Wachstum, geistiges Heilen und Hellsichtigkeit.

Phillip Kansa wurde 1943 in den USA geboren. Der studierte Psychologe arbeitet seit 30 Jahren als spiritueller Lehrer und Berater und ist seit 22 Jahren Schamane. Er ist hellsichtig und hat Zugang zu den geistigen Welten. Zudem spricht er mit seinen Ahnen und steht mit dem »Lichten Reich« in Kontakt.

Phillip Kansa und Elke Kirchner geben im deutschsprachigen Raum und weltweit Seminare.

info@soul-power-events.com
www.soul-power-events.com

Bibliografie

- Kämper, Angela: Tierboten. Was uns Begegnungen mit Tieren sagen. München 2005
- Meyer, Regula/Lurz, Karin: Tierische Begleiter. Die Seelenkräfte von Igel, Bär & Co. Winterthur 2016
- Pazzogna, Annie: Totem. Praxishandbuch der indianischen Krafttiere und Schutzpflanzen. Uhlstädt 2002
- Sams, Jamie/Carson, David: Karten der Kraft. Eine schamanische Einweihung in die »Medizin« der Krafttiere«. Oberstdorf 2007

Bildnachweis

Bilder von der Bilddatenbank **www.shutterstock.com**

Umschlag: #67201126 (©djgis), #120562819 (©arturasker), #125234144 (©Production Perig), #133853042 (©Mikadun), #283837010 (©nelik), #488063761 (©mariait), #539511592 (© aDam Wildlife), #131846594 (© Sealstep), **Schmuckelemente Innenteil:** Federkette #433149562 (©Ilya Martynov), Feder Zeichnung # 86243553 (©meookami), Ornament #421435684 (©Joy's vectors), Bildumrandung #433149562 (© Ilya Martynov); Feder Foto #739852825 (© kzww), **Hintergrund Einleitung:** #669888610 (© Whiteandb), **Hintergrund Erde:** #446791351 (© Elya Vatel), **Hintergrund Wasser:** #31510420 (© Idambies), **Hintergrund Luft:** #67201126 (© djgis), **Weitere Bilder Innenteil Tiere:** S. 1: #125234144 (© Production Perig), #488063761 (© mariait), #539511592 (© aDam Wildlife); S. 3: #539511592 (© aDam Wildlife), #67201126 (© djgis); S. 4: #430745923 (© Michal Ninger); S. 5: #225589570 (© Suzanne Tucker); S. 8: #125234144 (© Production Perig), #715326205 (© ZAO2006); S. 10: #32631487 (© alslutsky); S. 11: #497586220 (© Dima Zel); S. 12: #677656204 (© Marigam); S. 13: #460505092 (© Cocos.Bounty); S.14: #255198841 (© Cako), #756482218 (© John Berthoty); S. 16: #743289556 (© Facanv); S. 17: #381847270 (© thatmacroguy); S. 18: #411897469 (© Irina Kozorog); S. 19:

#81020101 (© Andrey Pavlov); S. 20: #489733432 (© vz maze); S. 21: #352888028 (© Georgia Evans); S. 22: #110473913 (© Daniel Rose); S. 23: #169655087 (© Jody Ann); S. 24: #110485346 (© Dancestrokes); S. 25: #708300100 (© Daniel Prudek), S. 26: #694943620 (© David Brown Eyes); S. 27: #676037215 (© sfiessner); S. 28: #786946549 (© Michele Aldeghi); S. 29: #190975376 (© Tomasz Czadowski); S. 30: #687538453 (© Facanv); S. 31: #745649875 (© Facanv); S. 32: #749558185 (© Klimek Pavol); S. 33: #764280220 (© WildStrawberry); S. 34: #466787144 (© Marek R. Swadzba); S. 35: #715326205 (©ZAO2006); S. 36: #651540835 (© VarnaK); S. 37: # 39841695 (© Mihashi); S. 38: #118674643 (© Miles Away Photography); S. 39: #371733430 (© effective stock photos); S. 40: #471862784 (© Brian E Kushner); S. 41: #759047734 (© Teri Virbickis); S. 42: #30430381 (© Photobank gallery); S. 43: #769528738 (© bogdan ionescu); S. 44: #618773528 (© tomas.klacek); S. 45: #749321932 (© Georgy Shafeev); S. 46: #299422322 (© Miroslav Hlavko); S. 47:392638390 (© RT Images); S. 48: #332183900 (© Tom Reichner); S. 49: #62857012 (© chris kolaczan); S. 50: #716356579 (© Michal Pesta); S. 51: #567326899 (© Nature Bird Photography); S. 52: #756482218 (© John Berthoty); S. 53: #646752592 (© Milan Zygmunt); S. 54: #422339590 (© osafus); S. 55: #341617622 (© Bildagentur Zoonar GmbH); S. 56: #575483611 (© James Alex Duncan); S. 57: #557696500 (© Tom Reichner); S. 58: #759337045 (© Vlasto Opatovsky); S. 59: #555976447 (© William Booth); S. 60: #563311996 (© Warren Metcalf); S. 61: #529196713 (©Warren Metcalf); S. 62: #235104346 (© Ondrej Prosicky); S. 63: # 32775158 (© Angel DiBilio); S. 64: #165560186 (© UnderTheSea); S. 65: #148260731 (© Sekar B); S. 66: #150320903 (© Edwin Butter); S. 67: #32631487 (© alslutsky; S. 68: #790932202 (© Ivan Godal); S. 69: #761166958 (© tgladkova); S. 70: #169447658 (© Christian Musat); S. 71: #585987899 (© Christian Mueller); S. 72: #11094640 (© pictoplay); S. 73: #328124357 (© Tunedin by Westend61); S. 74: #507065650 (© Rudmer Zwerver); S. 75: #750263416 (© Paul A Carpenter); S. 76: #326666291 (© Menno Schaefer); S. 77: #703655338 (© George Philip); S. 78: #427190146 (© Callipso); S. 79: #103843682 (© kyslynskyyhal); S. 80: #217507660 (© TigerStock's); S. 81: #708139546 (© Ondrej Prosicky); S. 82: # 84721188 (© Mircea Costina); S. 83: #407559208 (© Marcin Perkowski); S. 84: #82182682 (© Menno Schaefer); S. 85: #220762159 (© Volodymyr Burdiak); S. 86: #633738149 (© Fotos593); S. 87: #711602176 (© Viktor Loki); S. 88: #699051817 (© DedeDian); S. 89: #3559622 (© ANP); S. 90: #563445241 (© Astrid Gast); S. 91: #560610394 (© Cindy de Bree); S. 92: #444363859 (© Gallinago_media); S. 93: #701102035 (© Paul Reeves Photography); S. 94: #425812177 (© Denis Martynov); S. 95: #356824985 (© Maciej Olszewski); S. 96: #588625490 (© FABRIZIO CONTE); S. 97: #89505721 (© nico99); S. 98: #239709550 (© Seb c'est bien); S. 99: #162915815 (© Catmando); S. 100: #423401569 (© Martin Mecnarowski); S. 101: #423401578 (©Martin Mecnarowski); S. 102: #164185139 (© Volodymyr Burdiak); S. 103: #422879092 (© Branislav Cerven); S. 104: #183183953 (© davemhunt-photography); S. 105: #784094344 (© TMArt); S. 106: #131846594 (© Sealstep); S. 107: #131846594 (© Sealstep); S. 108: #239024329 (© Kichigin), #125234144 (© Production Perig); S. 109: #239024329 (© Kichigin); S. 110: #657660628 (© LedyX), S. 111: #18019111 (© Roman Sigaev), #405030970 (© Juliana Nan); S. 112: #717562150 (© Volodymyr Burdiak)

Danke für deine REZENSION

– Gemeinsam sind wir mehr –

Liebe Leserin, lieber Leser,

von Herzen danken wir dir, dass du dieses Buch in den Händen hältst und es bis zum Ende gelesen hast. Das bedeutet uns, dem Schirner Verlag und seinen Autoren, sehr viel. Aus voller Überzeugung und mit Hingabe widmen wir uns seit vielen Jahren Themen, die unser aller Lebensqualität und Bewusstwerdung dienlich sind, und hoffen, einen Beitrag für eine lichtvollere Welt leisten zu können. Wenn dir unsere Arbeit gefällt, möchten wir dich bitten, dir einige Minuten Zeit zu nehmen, um dieses Buch zu rezensieren. Warum? Die meisten Menschen lesen Rezensionen, bevor sie ein Buch kaufen, da sie hierdurch einen Eindruck bekommen, ob und wie der Inhalt des Buches den Leser erreicht hat. Eine kurze Rezension ist dabei ebenso hilfreich wie eine lange, sehr ausführliche. Um es auf den Punkt zu bringen:

Eine Rezension ist heutzutage die beste Werbung für ein Autorenwerk!

Wenn du den Schirner Verlag und seine Autoren neben dem Buchkauf auch anderweitig unterstützen willst, dann bitten wir dich: Schreibe für jedes Werk eine Rezension – am besten auf der Seite, wo du es gekauft hast, und zusätzlich beim Schirner Verlag und bei Amazon. Das wäre nicht nur eine Wertschätzung für die Autoren, sondern kann dazu beitragen, dass die Verkaufszahlen steigen und der Schirner Verlag auch in herausfordernden Zeiten Bestand hat.

WIE SCHREIBT MAN EINE REZENSION?

Grundsätzlich sollte eine Rezension aus der eigenen, subjektiven Sicht geschrieben werden, da es sich um eine persönliche Meinung handelt. Du kannst in zwei Sätzen deine Gedanken zu dem Buch äußern oder eine längere Rezension verfassen. Falls du nicht weißt, wie du beginnen sollst, hier ein paar Anregungen:

- War das Buch leicht verständlich geschrieben? Wie hat dir die Sprache gefallen? Wie empfandest du die Aufteilung der verschiedenen Themen?
- War es unterhaltsam? War es deiner Meinung nach mit Herzblut und Liebe geschrieben? Wie hat es auf dich gewirkt?
- Hat es dein Herz berührt? Konntest du dich wiederfinden?
- War es tief greifend genug? Hast du viel Neues gelernt?
- Hat es gehalten, was der Titel und die Buchbeschreibung versprochen haben? Hat es deine Erwartungen erfüllt?
- Was macht das Buch besonders? Warum sticht es heraus im Vergleich zu anderen Büchern, die ein ähnliches Thema behandeln?
- Würdest du das Buch weiterempfehlen oder verschenken?

Dankeschön

lesen, fliegen, landen
Schirner Verlag